메타버스
이미 시작된 미래

NFT와 가상현실이 만들어 가는 또 하나의 세상

메타버스, 이미 시작된 미래

초판 1쇄 발행 · 2021년 6월 20일
초판 12쇄 발행 · 2021년 12월 10일

지은이 · 이임복
펴낸이 · 백광옥
펴낸곳 · 천그루숲
등 록 · 2016년 8월 24일 제25100-2016-000049호

주소 · (06990) 서울시 동작구 동작대로29길 119
전화 · 0507-1418-0784 | **팩스** · 050-4022-0784 | **카카오톡** · 천그루숲
이메일 · ilove784@gmail.com

기획/마케팅 백지수
인쇄 예림인쇄 **제책** 예림바인딩

ISBN 979-11-88348-86-2 (13320) 종이책
ISBN 979-11-88348-87-9 (15320) 전자책

메타버스
이미 시작된 미래

이임복 지음

NFT와 가상현실이 만들어 가는 또 하나의 세상

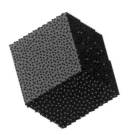

천그루숲

머리말

2020년 말부터 '메타버스'라는 용어가 전 세계의 주목을 받고 있다. SF에 관심이 있는 사람들에게는 이미 익숙한 용어였고, IT 분야에 있다면 한두 번쯤은 들어 봤을 정도로 아주 새로운 이야기는 아니었는데, 왜 갑자기 이슈가 된 걸까?

단순하게 생각하면 메타버스는 코로나19로 인해 한껏 움츠러진 세상에 던져진 화두일 수 있다. 모두가 힘들었던 냉전의 시대에 "우리는 달에 가기로 결정했고, 10년 안에 갈 것"이라며 사람들의 마음을 뜨겁게 움직였던 케네디 대통령의 말처럼, 메타버스는 코로나 팬데믹으로 힘들어 하는 우리들에게 지금과는 완전히 다른 새로운 미래가 오고 있다는 희망을 주는 바람일지도 모른다.

그런데 조금 냉정하게 생각해 보면 메타버스는 전혀 새로울 것이 없는 미래가 아닌 현재의 이야기다. 우리가 이미 경험해 왔던 가상현실, 소셜 게임, 인공지능, 디지털 휴먼 등의 용어들을 하나로 묶어 메시지를 던진 것에 불과할지도 모른다. 대중들을 현혹하기 위한 마케팅 용어이자 항상 새로운 것을 갈망하는 주식시장에 던져진 새로운 테마일 수도 있다. 덕분에 메타버스와는 전혀 상관이 없어 보이는 주식들이 연일 상한가를 치며 불타오르기도 했다.

'메타버스는 거품일까? 아니면 새로운 미래일까?'

이 책은 이에 대한 의문에서 시작했다. 답을 먼저 내리자면 '메타버스는 새로운 미래'임이 맞다.

1969년 시작된 인터넷은 1994년을 전후해 우리의 일상에 들어와 모두를 연결시켰고, 이후 우리는 혼자인 삶으로 돌아가지 못했다. 2007년 스티브 잡스의 전설적인 프레젠테이션과 함께 공개된 아이폰은 모바일 혁명을 가속화시켰다. 덕분에 우리는 24시간 동안 연결된 삶을 살게 됐다. 그 후로 지금까지 우리는 오프라인과 온라인이 연결된 혼합현실의 세상을 살아가고 있다. 굳이 이에 대해 우리가 생각하지 않고 있었을 뿐이다.

2020년, 전 세계를 공포로 몰아넣은 코로나19는 모든 인류에게 공통된 경험을 줬다. 바로 '고립'과 '디지털을 통한 연결'이다. 자의든 타의든 오프라인에서 사람들과의 만남은 줄어들었고, 고립된 삶은 계속되었다. 하지만 디지털을 통한 연결은 다양한 방법으로 이어졌다. 사람들은 트위터, 페이스북, 인스타그램, 유튜브 등의 SNS를 통해 갈등을 해소했고, 줌과 팀즈 등의 업무용 도구를 이용해 비즈니스를 계속했다. 휴식을 취하는 방식 역시 달라졌다. 동물의 숲과 같은 힐링 게임이나 포트나이트, LOL과 같은 게임을 통해 혼자가 아닌 연결된 세상 속, 게임 안에서 무료함을 달랬다. 코로나19 시국에서 게임 관련 회사들의 주가가 117% 이상 오른 건 이런 이유 때문이다.

인터넷 혁명, 모바일 혁명, 그리고 이제는 현실과 가상의 세계 모두에서 우리는 각자 소통하고 소비하며 살아가고 있다. 이를 정의하기에 모바일 혁명이라는 말은 더 이상 어울리지 않는다. 이제는 초월적인 세상, 메타버스가 인터넷과 모바일을 넘어선 제3의 혁명이 되었다.

'메타버스는 장밋빛일까? 지금 올라타지 않으면 늦을까?'

그건 아니다. 메타버스란 용어가 세상에 처음 등장한 건 1992년 소설 《스노 크래시》에서였다. 그리고 지금까지 20년 가까운 시간이 흘렀지만, 우리는 아직 소설 속 미래를 따라잡지 못하고 있다. 우리 모두가 영화 〈레디 플레이어 원〉처럼 VR 장비를 착용하고, 가상현실 속에서 만나 일상처럼 생활하는 모습은 아직 먼 미래의 일이다.

NFT(대체불가토큰) 역시 마찬가지다. 과연 NFT가 내가 가진 디지털 자산에 대해 전 세계 사람들에게 내 것이라는 '소유권'을 보장해 줄 수 있을지, 아니면 '튤립'과 같은 거품이거나 '폰지'와 같은 사기로 끝날지는 아무도 모른다.

이런 불확실성 속에서 그래도 확실한 건 '미래는 언제나 우리가 상상하는 데로 만들어 갈 수 있다'는 점이다. 수많은 사람들이 꿈꿔왔던 가상현실의 세상, 현실과 가상의 경계가 사라지는 세상, 우리는 지금 그 문 앞에 서 있다. 이 문 너머에 무엇이 우리를 기다리고 있을지는 아무도 모른다.

새로운 세상의 시작이 우리 앞에 있다. 두근거리며 기대된다. 그렇지 않은가? 아직 누구도 겪어보지 못했던 새로운 세상의 시작을 우리는 이미 경험하고 있다. 메타버스가 무엇인지, 투자자라면 어디에 투자를 해야 좋을지, 기업가라면 어떻게 사업을 구상해야 할지…. 흔들리지 말고 지금의 위치에서 나만의 시각으로 미래를 바라보자. 그때 이 책이 문 너머의 세상을 바라볼 수 있는 작은 디딤돌이 되었으면 한다.

이임복

차
례

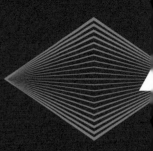

PART

1

메타버스,
거품인가? 미래인가?

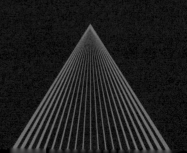

PART

2

이미 와 있는 미래,
메타버스를 경험하라

PART

3

메타버스,
NFT로 현실이 되다

PART

4

메타버스의 미래, 어디에
주목해야 하는가?

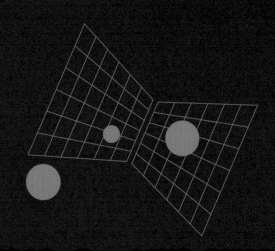

PART

5

당신은 메타버스에 올라탈
준비가 되어 있는가?

또 하나의 세상, 메타버스가 온다

아침 6시, 기분 좋은 음악 소리와 함께 눈을 떴다. 눈앞의 대형 스크린에는 오늘의 수면시간과 날씨, 밤사이 받지 못한 알람 메시지, 추천 아침 식단이 보였다. 샐러드와 두유 한 잔을 '에너지 보드'에 올려놓고 식사를 했다. 에너지 보드에 달린 AI 카메라는 아침 식단을 인식한 후 건강 데이터에 통합시켜 놓는다.

간단한 식사를 마친 후 홈 트레이닝 화면을 거실 벽에 띄웠다. 화면에 등장한 인공지능 코치의 동작에 맞춰 자세 교정 운동을 시작했다. 화면 왼쪽에는 코치가, 오른쪽에는 내 모습이 나오며 틀린 동작을 할 때마다 바로 교정해 준다. 처음 운동을 시작했을 때에 비해 자세가 많이 좋아졌다. 오늘 얻은 점수는 B+, 응원의 메시지와 함께 10점의 포인트가 도착했다. 현재까지의 누적 포인트는 60점이다. 빨리 300점을 채워 신발을 주문하고 싶다.

교정 운동을 마치고 XR 바이크에 앉았다. XR 글래스를 쓰고 전원을 켜 XR 짐에 접속하니 옆에 앉아 있는 다른 사람들의 모습이 보였다. XR 짐은 오프라인 헬스장에서 사이클을 타는 것처럼 가상의 공간에서 다른 사람들과 함께 운동할 수 있어서 좋다. 강사의 신호에 맞춰 저마다 빠른 속도로 달리기 시작했다. 확실히 혼자서 운동할 때보다 재미있고, 가상공간이지만 여러 사람들을 만날 수 있어 친구도 사귈 수 있다.

두 코스를 돌고 나니 8시가 넘었다. 드디어 초보자 코스가 끝났다는 강사의 말과 함께 '비기너' 배지를 받았다. 배지가 있으면 무료로 트레이닝복과 신발 등으로 교환할 수 있어 바로 아바타에게 적용했다. 아바타 꾸미기가 끝난 후 스크린샷을 찍어 SNS에 공유했다.

이제 출근할 시간이다. 서둘러 씻은 후 햅틱 슈트를 입고, 키보드를 챙겨 테이블에 앉았다. 아바타로 출근하면 좋을 텐데 이번 달부터 변경된 회사 지침은 '업무 중 아바타 접속 금지'다. 덕분에 전 사원들에게 햅틱 슈트와 업무용 XR 글래스가 지급됐다. 글래스의 전원을 켜자 홍채 인식을 한 후 가상 오피스에 접속됐다.

가상 오피스인 XR 오피스는 전 세계 어디에서나 접속이 가능한 사무실이다. 다만, 적당한 크기의 테이블과 의자는 있어야 한다. 현실세계의 테이블을 인식해 XR 오피스 내의 공간을 할당하기 때문이다. XR 테이블 역시 회사에서 지급해줬는데, 집안 어느 장소에 앉아 일할까를 고민하지 않아도 되어 좋았다.

왼쪽, 오른쪽, 앞, 뒤 모두 다른 동료들이 앉아 업무를 하며 자연스럽게 대화를 나누는 모습이 보였다. 가상 오피스에서 일하는 1세대가 Zoom과 같은 화상회의시스템을 이용하는 것이었다면, 2세대는 자신의 아바타를 만들어 접속해 회의를 하는 게더타운 방식이었다. 처음에는 상당히 어색했지만 사람들은 금방 익숙해졌다. 그리고 곧바로 어디에서 접속하든 함께 모여서 일할 수 있는 3세대인 'XR 오피스'의 초기 버전이 나왔다. 아바타로 출근이 가능했기에 자신의 실제 얼굴을 보이지 않아도 되는 장점이 있었다(급할 경우 씻지 않고 출근이 가능했다). 다만, 아무리 아바타가 자연스럽다 해도 사람들 간의 대화는 말뿐이 아닌 표정 등의 비언어 커뮤니케이션을 통해 이루어지는데 이 부분에 제약이 많았다. 게다가 아바타로 접속하다 보니 게임처럼 느껴져 집중력이 떨어지는 단점이 있었다.

지금은 이 단점을 보완해 자신의 모습 그대로 접속할 수 있는 4세대 XR 오피스를 이용하고 있다. 4세대에서는 XR 글래스를 이용해 자신의 얼굴을 그대로 스캔해 실시간으로 전송하고, XR 슈트는 정장 혹은 캐주얼을 입은 것처럼 옷차림을 바꿔줄 수 있다.

아직 개선해야 할 부분은 있지만 그래도 출퇴근시간을 줄임과 동시에 집에서 혼자 일한다는 고립감이 해소되었다는 게 긍정적이었다. 누군가와 대화하고 싶다면 메시지를 보내면 되고, 회의를 하고 싶다면 단체 메시지를 보낸 후 수락하면 즉시 회의실로 이동된다. 이곳에서 논의된 내용들은 모두 자동으로 기록된다.

게다가 XR 오피스에서는 눈앞에 4개 이상의 모니터를 띄울 수 있기 때문에 생산성을 좀 더 높일 수 있다. 공간의 제약이 없기에 생산되는 제품의 프로토타입을 실행해 함께 작동시켜 본 후 회의를 할 수 있고, 무제한으로 확장되는 캔버스를 이용해 브레인스토밍을 진행할 수도 있다.

XR 오피스를 도입한 회사의 입장에서도 많은 것이 좋아졌다. 일단 사무실에 들어가는 고정비용이 줄었다. 직원들 개개인에게 할당하는 공간과 비품들만 해도 상당한 비용이 소요되는데, 절약된 비용을 활용해 사무실의 개별 책상을 없애고 쾌적한 회의실로 바꾸었다. 외부 사람들을 만나야 하거나 팀 내에서 오프라인 회의를 진행하고 싶을 때 쓰는 공간이다. 절약된 금액은 더 빠르고 쾌적한 접속을 위한 XR 오피스의 인터넷 속도 및 서버 확장 비용으로도 쓰였다. 그리고 굳이 출근할 필요가 없으니 이제 글로벌 채용은 기본이 됐다. 어디에서나 접속할 수 있는 강점 때문에 해마다 우수한 해외 인재들의 지원도 늘고 있다.

12시, 점심시간이다. 오늘은 일본에 사는 팀원과 점심약속이 있다. 최근 고민이 있는 것 같아 식사를 함께하며 이야기를 나누기로 했다. 식사를 준비한 후 눈앞에 떠 있는 '레스토랑' 메뉴를 누르자 화면이 이동됐다. 일본 친구가 먼저 왔는지 커피를 마시고 있는 모습이 보였다. 점심 역시 각자 집에서 먹으면 된다. 눈앞의 공간은 레스토랑으로 변했지만 현실은 자신의 집이라는 건 변하지 않는다.

이 부분을 해결하기 위해 2가지 방법이 도입되었다. 하나는 가상의 공간만 제공하는 레스토랑이다. 각자의 집에서 준비한 음식을 스캐닝한 후 상대방에게도 알 수 있게 한다. 두 번째는 미리 예약할 경우 각자의 집으로 음식을 배달해 조금 더 자연스럽게 현실세계와 가상세계에서 먹는 음식이 일치하게 보여주는 방식이다. 공간 역시 다른 손님들도 보이는 일반적인 형태와 철저하게 보안이 보장되는 단독 룸을 선택할 수 있다.

식사를 마친 후 다시 사무실 메뉴로 이동해 열심히 일을 한 후 이제 퇴근이다. 글래스를 벗고 기지개를 켰다. 오늘 저녁은 간만에 아날로그 방식으로 오프라인에서 친구들을 만나기로 했다. 메타버스 안에서 모든 것을 다 할 수 있는 세상이지만, 그래도 직접 만나 이야기를 나누는 것에 비할 수는 없다.

* * *

　이 이야기는 현재 진행되고 있는 메타버스 기술에 맞추어 직장인의 하루를 재구성한 것이다. 물론 '자연스러운 메타버스'가 되기 위해서는 더 많은 기술의 발전이 필요하겠지만, MS의 홀로렌즈, 페이스북의 오큘러스 등 XR(혼합현실) 글래스들과 가상세계의 감각을 그대로 느끼게 해주는 전신 햅틱 슈트는 메타버스 세상에 대한 충분한 가능성을 보여주고 있다.

　하지만 모든 기술 발전이 그렇듯 동전의 양면처럼 여기에도 긍정적인 점과 부정적인 점이 있다. 공간의 제약이 해결되는 장점이 있는 반면, 메타버스 내에서의 소통의 부재, 인간과 인공지능의 구분 등 고려해야 할 문제점도 끊임없이 발생한다.

　어떤 미래가 오든 이미 다가온 미래다. 메타버스의 세상에서 일을 하고 살아간다는 건 우리 삶의 방식 자체가 바뀐다는 걸 의미한다. 다행인 건 메타버스의 세상을 어떻게 살아갈지에 대해 지금부터 우리가 생각하고 준비해 갈 수 있다는 점이다. 이 책을 통해 이미 시작된 미래인 메타버스를 조금은 진지하게, 하지만 재미있게 경험해 보자.

PART 1

메타버스,
거품인가? 미래인가?

1

메타버스

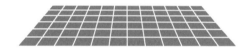

살면서 한 번쯤 이런 생각을 해 본 적 있지 않은가?

'만약 우리가 살고 있는 세상이 가상세계라면?'

'잠을 잔다는 건 지금 세상에서 로그아웃되는 게 아닐까?'

'오늘의 나는 어제까지의 기억을 업데이트한 새로운 내가 아닐까?'

'내 시야가 미치는 곳까지는 모든 사물들이 움직이고 있지만, 그렇지 않은 곳에서는 정지해 있는 게 아닐까?'

말도 안 되는 소리지만, 어렸을 때 누구나 한 번쯤은 이런 생각을 해봤을 것이다. 하지만 성인이 된 지금은 이런 질문을 던지지 않는다.

그런데 **"우리는 누군가의 비디오 게임이다"**라고 대놓고 이야기한 사람이 있다. 언젠가 인류를 화성으로 보내겠다는 꿈을 가진 혁신적인 실행가이자 테슬라의 CEO인 앨런 머스크의 말이다. 물론 앨런 머스크야 워낙 허무맹랑한 이야기들을 많이 해왔으니 그렇다 치자(그럼에도 불구하고 그는 화성으로 가는 이주선을 만들고 있고, 보링 컴퍼니를 만들어 LA 시내 중심부에 지하터널을 뚫고 있으며, 인간지능을 업그레이드하는 뉴럴링크를 진행하고 있다).

세계 최대의 투자회사 중 하나인 메릴린치가 같은 말을 했다면 어떨까? 메릴린치는 **'우리는 지금 가상세계에 살고 있다'**라며, 2016년 투자자들에게 보낸 보고서에 '우리가 매트릭스에 살고 있을 확률이 20~50%가 된다'고 발표했다.

2016년은 알파고와 이세돌 9단의 바둑 시합이 있었던 해이다. 전 세계 사람들이 인공지능에 관심을 가지게 된 때이다 보니 머스크와 메릴린치증권의 말은 언론의 큰 관심을 받았다. 하지만 현실 속에서 하루하루를 바쁘게 살아가는 현대인들에게 가상세계의 이야기는 먼 미래의 일이었다.

그런데 2021년, '메타버스'가 새롭게 등장하며 가상세계가 다시 세상의 이슈가 되기 시작했다.

메타버스 vs 멀티버스

메타버스 Metaverse 란 Meta(초월)와 Universe(세상·우주)의 합성어로, 세상 너머의 세상, 현실세계를 초월한 그 무언가를 말한다.

'초월세계' 이렇게 말하면 뭔가 멋져 보이지만 한 번에 와 닿지는 않는다. 이 말보다 우리에게 좀 더 익숙한 표현으로 멀티버스 Multiverse가 있다. 멀티버스는 다중우주라는 뜻으로, 지금 우리가 살고 있는 세상과 또 다른 세상이 있음을 의미한다. 이를 평행우주라고도 한다.

조금 더 쉽게 이야기해 보자. 2018년 개봉한 〈스파이더맨 : 뉴 유니버스〉라는 영화가 있다. 이 영화에는 다양한 스파이더맨이 나온다. 영화 속 현실에서는 마일스라는 소년이며, 다른 세상에서는 원래의 주인공인 피터 파커이고, 또 다른 세상에서는 피터 파커의 여자친구인 그웬 트웨이시가 스파이더맨으로 활동하는 등 평행우주에 수많은 스파이더맨이 존재한다.

이렇게 똑같은 지구, 똑같은 나라들이 있는 또 다른 현실 속에서 각자의 역할만 달라지는 게 멀티버스다. 반면 **메타버스는 '현실세계는 하나이고, 그 현실세계가 가상세계로 연장이 된다'는 개념이다.** 여기서 '현실세계의 연장'이라는 부분을 쉽게 정리해 보자. 현실세계 속의 당신은 취업한 지 반년밖에 안 된 27살의 신입

2018년에 개봉한 〈스파이더맨 : 뉴 유니버스〉는 여러 평행우주의 스파이더맨들이 어벤져스처럼 힘을 합쳐 악당을 물리친다는 내용이다.

출처 : 네이버

사원이지만, MMORPG 속에서는 만랩 기사이자 길드장으로 많은 사람들의 관심을 받고 있다. 현실세계 속의 당신은 대기업 과장 이지만, 유튜브에서는 10만 구독자를 지닌 인플루언서로 활동하고 있다.

이처럼 현재 우리의 현실세계를 바탕으로 한 수많은 다른 세계와의 연결을 '메타버스'라고 부른다. 그렇다면 쉬운 말로 '가상세계'라고 표현해도 되었을 텐데, 왜 굳이 어렵게 느껴지는 '메타버스'라는 용어가 갑자기 등장하게 된 걸까? 그 이슈의 시작을 찾아보자.

엔비디아,
메타버스의 시대를 선언하다

엔비디아는 그래픽 카드로 시작해 인공지능을 넘어 4차 산업혁명을 이끌고 있는 반도체 업계에서 가장 핫한 회사이다. 2020년 10월 6일 열린 GTC^{GPU Technology Conference} 기조연설에서 엔비디아의 CEO 젠슨 황은 **"미래 20년은 공상과학^{SF}과 다를 게 없다. 메타버스의 시대가 오고 있다."**며 메타버스의 시대를 선언했다. 마치 영화의 예고편과도 같았던 순간이었다.

메타버스(Metaverse)의 시대가 오고 있습니다.

NVIDIA의 창립자 겸 CEO 젠슨 황이 2020 GTC에서 '메타버스의 시대가 오고 있다'고 선언했다.

출처 : 엔비디아(NVIDIA) 유튜브

메타버스를 언급한 젠슨 황의 연설은 다음과 같이 정리해 볼 수 있다.

1 지난 20년이 놀라웠다면 앞으로 20년은 공상과학과 다를 바 없을 것이다.

2 메타버스의 시대가 오고 있다.

3 1992년 닐 스티븐슨의 SF 소설 《스노 크래시》에서 메타버스가 처음 등장한다.

4 메타버스는 인간 아바타와 소프트웨어 에이전트가 상호작용하는 3차원(3D) 공간이며, 인터넷의 뒤를 잇는 가상현실 공간이다.

5 메타버스는 게임 속의 세상에 그치지 않는다. 메타버스에서 우리의 미래를 만들 것이다. 메타버스에서 다운받은 청사진으로 실제 세상을 만들 것이다.

6 엔비디아의 옴니버스 Omniverse 는 시뮬레이션과 협업을 위한 플랫폼이다. 에픽의 언리얼, 마야, 블렌더, 어도비, 오토데스크 같은 신세계를 연결할 수 있게 만들었다.

7 옴니버스 플랫폼은 하나의 세상이다. 인공지능 에이전트를 만들고 학습할 수 있는 로봇을 위한 시뮬레이터다.

Metaverse is coming! -
메타버스의 시대가 오고 있다!

7가지로 정리된 연설에서 주목할 부분은 4가지다. 하나씩 해석해 보자.

첫째, 메타버스는 인터넷 다음의 세계다. 인터넷 혁명 다음의 가장 큰 변화는 모바일이다. 2016년 '알파고'의 등장 이후 인공지능의 시대를 가장 큰 변화로 이야기해 왔는데, 인공지능의 시대란 결국 메타버스와의 연결을 의미한다.

둘째, 메타버스는 게임 속 세상에 그치지 않는다. 앞으로도 계속 이야기하겠지만 메타버스를 이야기할 때 가장 많이 언급되는 사례는 '게임'이다. 그만큼 우리가 자주 사용하고 익숙하기 때문이다. 그런데 게임에서만 그친다면 현실 너머의 세상인 '메타버스'라고 할 수 없다. 즉, 가상의 공간에서 게임 말고 다른 '생활'을 즐길 수 있고 현실세계와 연결될 수 있는 부분들에 주목해야 한다는 걸 뜻한다.

셋째, 다른 세상과의 연결이다. 젠슨 황은 에픽게임즈의 언리얼 엔진과 어도비, 오토데스크를 언급하며 '다른 세상'이라는 말을 썼다. 예를 들어 동물의 숲과 포트나이트는 다른 게임이다. 각각 다른 게임이고, 두 게임을 개발한 회사도 다르고, 게임 속 모든 것들이 다르기 때문에 두 캐릭터가 만날 일이 없다. 하지만 엔비디아의 옴니버스 플랫폼을 사용하게 된다면 한 곳에서 만날 수 있다는 의미로 확장해 생각할 수 있다. 그래서 이제는 각각의 세상을 창조하는 일뿐 아니라 각 세상과의 연결까지도 고민해야 하는 시대가 되었음을 의미한다.

마지막으로 '메타버스에서 다운받은 청사진으로 실제 세상을 만들 것'이란 부분이다. 현실세계에서 실제로 공장을 만들기 전에 가상의 세계에서 미리 만들어 볼 수 있다면, 무인로봇을 만들기 전에 무인로봇이 제대로 명령을 수행하는지 다양한 환경을 만들어 미리 테스트해 볼 수 있다면 많은 시간과 비용을 줄일 수 있을 것이다. 그래서 이 말은 게임을 넘어 현실을 재설계한다는 말로도 해석해 볼 수 있다.

이렇듯 '메타버스'란 용어를 세상에 다시 불러들인 건 엔비디아의 젠슨 황이다. "메타버스의 시대가 오고 있다"는 그의 말은 1962년 케네디 대통령의 휴스턴 연설인 "우리는 달에 가기로 결정했습니다"와 같이 새로운 시대를 여는 시작점으로 기억될 수 있을 것이다.

메타버스에 대해 구체적으로 살펴보기 전에 이를 처음으로 언급한 1992년 닐 스티븐슨의 소설 《스노 크래시》는 어떤 내용을 담고 있는 책인지 살펴보자.

〈매트릭스〉와 〈레디 플레이어 원〉의 시작점, 《스노 크래시》

1999년 개봉한 영화 〈매트릭스〉는 충격이자 공포였다. 〈공각기동대〉가 그래도 있을 법한 밝은 미래였다면 〈매트릭스〉는 검다 못해 암울한 결코 오지 않았으면 싶은 미래의 모습이었다. 현실세계 속에서는 기계들에게 지배당하는 사람들이 사이버 세상 속에서는 평소와 같이 살아간다. 현실을 느끼지 못할 정도로 정교한 풀 다이브 Full Dive 의 세계에서 유일한 구원은 현실에서 깨어난 이들과 이들이 기다린 구원자 네오다. 그런데 과연 행복한 가상 세계 속 매트릭스에서 살아가는 많은 사람들은 암울한 현실세계로 나오길 원했을까?

2001년 톰 크루즈 주연의 〈바닐라 스카이〉는 현실보다 나은 가상의 세계를 잘 보여줬다. 2009년에는 제임스 카메론 감독의 〈아바타〉가 개봉했다. 가상현실은 아니지만 다리가 불편한 주인공이 의식 전송을 통해 나비족의 몸을 조종하며 말 그대로 현실세계 속 자신의 '아바타'를 움직인다는 설정으로 아바타의 의미를 잘 설명했다. 같은 해 브루스 윌리스가 주연한 〈써로게이트〉 역시 숨은 명작이다. '써로게이트'를 한마디로 표현하자면 '이불 밖은 위험해'이다. 현실세계가 너무 위험하기에 자신은 안전한 곳에 있고, 아바타로 현실세계를 돌아다니는 세상을 보여줬다.

드디어 2018년 스티븐 스필버그 감독의 〈레디 플레이어 원〉이 개봉했다. 주인공은 현실세계에서는 빈민촌에 사는 '웨이드'지만, 가상세계인 오아시스에서는 가장 주목받는 플레이어 '파시발'이다. 현실과 가상의 경계가 연결되는 실현가능한 미래, 여기에 더해 카메오로 등장한 스트리트 파이터, 건담, 배트맨, 스타크래프트 등 올드 게임 캐릭터들의 향연까지…. 전 세계를 열광시키기에 충분했다.

메타버스를 이해하려면 무조건 봐야 하는 영화 〈레디 플레이어 원〉   출처 : 네이버

이 영화의 감독들이 하나 같이 영향을 받았다고 언급한 책이
바로 1992년 출간된 《스노 크래시》다. 도대체 어떤 내용을 담고
있길래 이런 영향을 미친 걸까?

《스노 크래시》의 주인공은 한국인 어머니와 아프리카계 미국
인 아버지 사이에서 태어난 혼혈아 '히로'다. 그는 최고의 해커이
자 검술의 달인이기도 하다. 그가 참여해 만든 사이버 세상의 이
름이 바로 '메타버스'다. 메타버스로 들어가게 만들어 주는 건 VR
이 아니라 XR(혼합현실)에 가까운 글래스다. 그렇다 보니 걸으면서
도, 이야기를 하면서도 메타버스에 접속할 수 있다. 사이버 펑크
라 할 만큼 세련된 테크와 폭력이 어우러진 멋진 책이다.

그런데 왜 이 책이 아직까지 영화화되지도, 엄청난 소설로도
인정받지 못했던 걸까? 그건 내용 때문이다. '스노 크래시'는 메타
버스의 세계에서 다른 사람들의 아바타를 해킹할 뿐만 아니라 현
실세계의 실제 몸까지 영향을 미칠 수 있는 막강한 바이러스다.
여기에 모든 인류의 언어가 하나였다는 이야기, 수메르 족의 이
야기, 종교를 통해 우리의 사고방식이 변화되는 것 역시 바이러
스에 비유하는 등 논란거리가 될 만한 내용들이 담겨 있어 영화
화되기에는 만만치 않았을 거라 여겨진다.

그럼에도 불구하고 메타버스의 시작점에 있는 바이블과도 같
은 책이니 메타버스를 이해하기 위해서는 한 번 읽어볼 필요가

있다. 어니스트 클라인 원작의 소설《레디 플레이어 원》도 2015년에 출간되었다. 영화와 같은 세계관이면서도 일부 다른 점이 있어《스노 크래시》보다 더 재미있고 편하게 메타버스의 세계를 이해하는 데 도움을 받을 수 있다. 비록 소설《레디 플레이어 원》은《스노 크래시》처럼 '메타버스'라는 용어를 남기지는 못했지만, 가상현실의 세계 '오아시스'를 많은 사람들에게 각인시켰다. 앞으로 우리가 만나게 될 메타버스는 '오아시스'라는 개념으로 생각하면 이해가 빠를 것이다.

2

메타버스가 주목받게 된
3가지 이유

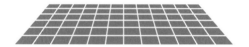

이렇듯 우리에게 '메타버스' 하면 쉽게 떠오르는 건 가상현실과 관련된 SF 영화다. 앞에서 언급한 〈매트릭스〉 〈바닐라 스카이〉 〈써로게이트〉 〈아바타〉 〈레디 플레이어 원〉 외에도 오시이 마모루 감독의 〈공각기동대〉 〈아바론〉과 넷플릭스 오리지널 〈블랙미러〉 시즌 5의 에피소드 1 〈스트라이킹 바이퍼스〉를 보면 메타버스에 대해서는 어느 정도 이해할 수 있다. 하지만 영화 속 이야기는 여전히 허무맹랑한 이야기 같고 아직은 먼 미래처럼 들린다.

여기서 우리가 알아야 할 것은 엔비디아의 CEO 젠슨 황이 '메타버스'를 언급했다고 해서 갑자기 하나의 트렌드를 형성할 정도로 세상의 관심을 받게 된 것은 아니라는 것이다. **메타버스가 주목받게 된 데에는 3가지 이슈가 함께 자리했기 때문이다. 바로 '코로나 팬데믹' '주식 관련 테마' 그리고 'NFT'다. 하나씩 살펴보자.**

코로나 팬데믹

2020년, 전 세계를 강타한 코로나19는 우리의 삶을 근본적으로 바꾸어 놓았다. 사람들의 이동은 최소화됐고, 집 밖보다 안에 있는 시간이 상대적으로 길어졌다. 더 중요한 건 코로나19가 어느 한 지역이 아닌 전 세계를 일순간에 정지시켰다는 데 있다. 하지만 생활을 이어가기 위해서는 어떻게 해서든 개인과 개인, 개인과 기업들은 만나지 않으면 안 되기 때문에 '디지털 컨택트'를 할 수 있는 다양한 방법들이 나타났다.

그중 코로나 시대의 신데렐라로 부상한 건 누가 뭐래도 회의와 강의 플랫폼의 절대강자 줌^{Zoom}이었다. 줌은 2020년 8~10월 매출액이 7억 7,700만달러(약 8,600억원)로, 전년 동기 대비 367%나 증가했다. 2020년 1월 67달러였던 주가는 2020년 10월 최고점 559달러까지 올랐고, 2021년 6월까지도 370달러 이상을 유지했다.

게임과 관련된 회사들의 성장도 상당했다. 엔씨소프트, 넷마블, 네오위즈, 넥슨지티 등의 게임회사들은 평균적으로 30% 이상 주가가 상승했고, 그중 엔씨소프트는 2020년 1월 645,000원에서 2021년 2월 최고점 1,027,000원을 찍고, 5월에도 80만원대를 유지했다. 사람들이 집에 있는 시간이 길어질수록 다른 사람들과 함께할 수 있는 온라인 게임 시장 역시 성장한 것이다.

사람들은 집에서 일하고, 공부하고, 쉬면서는 게임을 했다. 자연스럽게 음식 배달이 늘었고, 간편결제가 증가했고, 투자와 저축 역시 완벽하게 비대면으로 바뀌었다. 언택트의 시대에 나와 온라인 세상을 연결해 주는 열쇠인 스마트폰의 사용 역시 폭발적으로 늘어났다. **코로나19로 인한 일과 생활, 휴식 등 변화된 모든 것들에 '온라인 세상'은 더 연결되기 시작했다.**

이런 연결은 개개인의 '자아'에도 영향을 미쳤다. 현실이 암울할수록 현실 속의 내가 아닌 또 다른 나를 꿈꿔 보지 않은 사람은 없을 것이다. 이는 2020년 유산슬, 카놀라유 등 수많은 부캐를 양산한 예능 프로그램 〈놀면 뭐 하니?〉를 통해 또 하나의 트렌드가 되었다. 우리는 이미 부캐의 시대를 살고 있다. 현실에서의 내가 있고, 페이스북·인스타그램·유튜브에서의 내가 있다. 현실의 나와는 다른 이름, 현실의 나를 짐작할 수 없는 새로운 정체성[10]으로 시작했다면 이런 SNS 활동 역시 모두 부캐라 할 수 있다. 카카오톡이 최근 3개의 부캐를 만들어 상대방에 따라 다르게 보이는 '멀티프로필' 기능을 내놓은 것 역시 이런 트렌드를 따라가는 것이다. 이렇듯 코로나19는 우리의 일상에서 현실과 가상의 경계를 희미하게 만들었다.

주식 관련 테마

두 번째 키워드는 '주식'이다. 주식시장은 항상 새로운 테마를 필요로 한다. 2021년 초 '메타버스'가 이슈가 되며 가장 많이 관심을 받은 곳은 게임회사 '로블록스'다. 그런데 우리나라 사람들에게 로블록스를 아냐고 물어보면 10명 중 9명은 모른다고 답한다.

로블록스는 마인크래프트와 비슷한 게임으로, 게임 속에서 무엇이든 할 수 있는 샌드박스형 게임이다. 수많은 방법으로 자신의 캐릭터를 꾸밀 수 있고, 로블록스 안에서 또 다른 수많은 게임을 즐길 수 있다.

게다가 미국의 9~12세 어린이의 60% 이상이 로블록스 가입자로, 미국 어린이들은 페이스북과 유튜브보다 로블록스를 더 많이 한다고 한다. 디자인만 봐서는 형편없고 어쩌면 허접해 보이기도 하는 이 게임이 국내에서도 관심을 받게 된 건 회사가 주식

미국 10대 어린이들의 60%가 하고 있다는 로블록스 게임. 로블록스의 캐릭터들은 레고를 닮았다.

출처 : 로블록스 홈페이지(www.roblox.com)

시장에 '상장'했기 때문이다.

2021년 3월 10일, 뉴욕증권거래소에 상장한 로블록스는 기준가 45달러에서 69.5달러로 치솟았다. 기업가치만 해도 371억달러(약 42조원)이다. 영업손실이 2억 5,300만달러(약 2,870억원)인 이 회사가 넥슨의 시가총액인 33조원과 엔씨소프트의 시가총액 20조원보다도 더 높은 가치를 인정받은 건데, 바로 '메타버스' 이슈 때문이다. 상장 후 발표된 자료를 보면 2021년 1분기 매출이 3억 8,700만달러(약 4,330억원)로 전년 동기 대비 140%나 증가했고, 이용자 수도 4,210만 명으로 2020년보다 79%나 증가했다. 3월 접속시간도 97억 시간으로 전년 동기 대비 98%나 증가해 앞으로도 성장할 것이라는 가능성을 보여줬다.

로블록스는 메타버스란 용어와 함께 주가 상승을 이어갔고, 국내에서도 '메타버스 테마주'라는 이슈와 함께 관련 주식이 주목받았다. 2021년 3월까지만 해도 선익시스템은 143%, 한빛소프트는 89% 급등했을 정도였다. **끊임없이 새로운 테마를 필요로 하는 주식시장에서 '메타버스'는 아주 잘 어울리는 테마였고, 사람들도 이때부터 메타버스에 주목하기 시작했다.**

하지만 메타버스에 대한 관심이 쏠림으로 끝나게 될 거라는 우려도 많았는데, 이런 우려를 종식시킨 이슈가 하나 더 나타났다. 바로 NFT(대체불가토큰)이다.

NFT

'just setting up my twttr'

'지금 막 내 트위터 계정을 설정했다'는 이 글은 트위터의 창업자 잭 도시가 2006년 5월 22일 트위터에 올린 첫 번째 트윗이다. 잭 도시는 2021년 3월, 이 트윗을 경매에 붙였다.

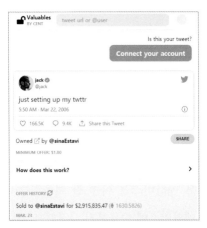

잭 도시의 첫 번째 트윗은 1,630이더리움(약 290만달러, 33억원)에 낙찰되었다.

출처 : Valuables 홈페이지(v.cent.co/tweet/20)

여러분이라면 이 한 줄의 트윗에 얼마까지 지불할 수 있겠는 가? 이때 낙찰받는다고 해서 오프라인 증서가 오거나, 이미지 파 일을 메일로 받을 수 있는 것도 아니다. 그렇다면 무엇을 사는 걸 까? 바로 이 트윗에 대한 '소유권'이다. 온 세상 사람들에게 '이 트 윗은 내 것'이라는 소유권에 대한 경매인 것이다.

그런데 말도 안 되는 일이 벌어졌다. 2021년 3월 7일, 290만달 러에 이 트윗이 낙찰된 것이다. 무려 33억원에 말이다. 이 트윗에 우리가 모르는 뭔가가 숨어 있는 걸까? (참고로 잭 도시는 판매수익 전부 를 아프리카에서 코로나19로 피해를 입은 사람들에게 기부하기로 했다.)

다시 정리해 보자. 이 경매는 낙찰받는다고 해서 실물이 오거 나 디지털 파일을 받는 것이 아니다. 단지 이 트윗에 대한 '소유권'

을 받는 것이다. 그럼 낙찰받은 @sinaEstavi는 자신의 소유인 것을 어떻게 입증받을 수 있을까? 이 의문을 해결해 주는 것이 바로 위조하거나 변조할 수 없는 NFT[Non-Fungible Token] (대체불가토큰)이다.

NFT는 다른 무엇과도 교환할 수 없는 유일무이한 '원본'이다. 디지털로 만들어진 그림·음악·영상과 같은 것들은 무한정으로 복제할 수 있기 때문에 무엇이 진짜인지를 알기 어렵다. 그런데 블록체인 방식의 NFT를 통해 어떤 것이 원본인지를 확정할 수 있다면 세상의 모든 디지털 재화에 대체불가능한 원본 증명을 부여할 수 있다. 한마디로 누가 진짜 주인인지를 입증할 수 있다는 말이다. 여기서 **메타버스 속 캐릭터·상품·부동산과 NFT를 결합시킬 수 있다면 한 번 구매했던 디지털 재화에 대한 비용은 버려지는 매몰비용이 아니라 투자비용으로 바뀔 수 있는 것이다.** 그럼에도 불구하고 아직 시장에서의 관심은 경쟁하듯 엄청난 금액에 거래되는 NFT의 가격에 대해서만 초점이 맞추어져 있어 아쉽다. NFT에 대해서는 Part 3에서 자세히 살펴보도록 하자.

이처럼 '코로나 팬데믹으로 변화된 가상과 현실의 무경계' '로블록스로 촉발된 주식 관련 테마' 'NFT의 부상'이라는 3가지 이슈를 바탕으로 메타버스는 새롭게 주목받고 있다.

3

메타버스 투자의
기회를 읽어라

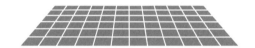

　다시 정리해 보자. 뭔가 거대한 흐름이 온 건 분명하다. 메타버스가 실체가 없고 막연하다고만 생각했는데, NFT가 연결되기 시작했고, 무엇보다 '돈'이 오고 가는 변화가 보이고 있다.

　그렇다면 우리는 어떻게 해야 할까? 말도 안 되고 허황된 것 같으니 조용히 지켜만 보면 될까? 언젠가 열풍이 잦아들고 모두가 정신을 차리는 때가 온다면 "거봐, 내가 말했잖아~"라고 한 소리 하면 되는 걸까? 아니다. 지금부터 신중히 준비하며 다가올 변화에 대응해야 한다.

작은 기업의 부상,
큰 기업의 혁신

메타버스는 저 멀리 보이는 파도다. 메타버스에 대한 언급이 많아지고 있는 건 잔잔한 파도가 들어오기 시작하는 것과 같다. 더 거대한 파도로 바뀌게 될지 아닐지는 아무도 모른다. 하지만 아무것도 하지 않고 기다리기만 한다면 한순간에 먼 곳으로 쓸려나가 다시는 돌아오지 못하게 될지도 모른다.

이미 우리는 2009년 '모바일 혁명'이란 파도를 넘었고, 2015년부터 '핀테크'라는 파도 위에 올라타 있다. 거의 5년을 주기로 밀려오는 파도에 잘 올라탔던 기업들은 지금 더 크게 성장하고 있다.

2009년 아이폰이 국내에 들어온 후 2010년 카카오톡이 등장했다. 전 국민의 스마트폰에 설치되었지만 돈 한 푼 벌지 못했던 카카오는 10년의 세월이 지나는 동안 최대 포털사이트 다음을 인수했고, 카카오뱅크, 카카오페이, 카카오모빌리티, 카카오인베스트먼트 등 다양한 분야로 사업을 확장해 가며, 시가총액 66조원 (2021년 7월 기준), 국내 3~4위 기업으로 성장했다.

네이버의 성장은 더 대단하다. 네이버의 시작은 '포털'이었다. 포털사이트의 핵심은 '시작 페이지'에 있다. 당시에는 인터넷을 통해 검색하고 이동하기 위해서는 네이버와 같은 포털사이트를 반드시 거쳐야 했다. 이렇다 보니 네이버, 다음, 네이트와 같은 회사들은 '검색창' 옆에 수많은 배너 광고를 설치해 수익을 낼 수 있었다.

그런데 아이폰의 등장과 함께 모바일의 시대가 되며 많은 것들이 달라졌다. 포털사이트를 거칠 필요 없이 SNS와 카카오톡을 통해 저마다의 방법으로 인터넷의 바다로 나갈 수 있게 되었다. 포털에 위기가 찾아온 것이다. 네이버가 대단하다고 했던 이유는 여기에 있다. 네이버는 큰 회사답지 않게 빠르게 변화에 대응했다.

모바일 네이버 앱을 빠르게 내놓았고, 수많은 변화를 거쳐 구글과 같이 깔끔한 모바일 앱 첫 페이지를 만들었다. 쇼핑과 뉴스 탭을 분리했고, 하단에는 그린닷이란 렌즈·음성·내주변·검색 등의 서비스를 쉽게 이용할 수 있는 단축키를 넣기도 했다. 발 빠르게 변화에 적응한 네이버는 2021년 7월 기준 시가총액 72조원으로, 3~4위를 다투고 있다.

만약 우리가 2009년 이후 꾸준하게 모바일의 변화에 관심을 가지고 카카오와 네이버는 물론 쿠팡, 배달의 민족, 토스와 같은 회사들과 MS, 애플, 페이스북과 같은 해외 IT회사들에 투자를 했다면 어땠을까? 2010년에 카카오 주식을 샀다면 주당 15,000원에 살 수 있었다. 네이버 역시 주당 5만원에 불과했다. 2021년 초 카카오는 액면분할을 한 상태에서 11만원(분할 전 55만원), 네이버는

34만원(2018년 액면분할 전 70만원) 정도이니, 상상도 못할 정도의 수익을 볼 수 있었을 것이다.

이처럼 **작은 기업의 부상, 큰 기업의 혁신은 변화의 파도가 올 때마다 언제나 볼 수 있는 모습이다. 메타버스로 인한 변화 역시 마찬가지다.** 지금 메타버스가 대세라고 판단된다면 관련된 사업과 회사에 관심을 가질 필요가 있다. 주가가 아닌 사업과 회사들에 관심을 가져야 하는 이유는 소문에 휩쓸리지 않기 위해서다. 소문에 투자하게 되면 희망으로 버티게 된다. 사업을 이해하고 투자하게 되면 미래에 투자했기에 조금 더 느긋한 마음을 가질 수 있다.

메타버스의 시대, 어떤 기업들이 성장할까?

그렇다면 지금이 될지, 언제가 될지는 모르더라도 메타버스의 시대가 왔을 때 더욱 성장할 기업들은 어떤 기업들일까? 어렵고 복잡한 기술에 대한 고민보다 단순하게 생각을 정리해 보자.

보다 현실적인 가상현실의 세계를 구현하기 위해서는 우선 '장비'가 필요하다. 얼굴에 쓰는 형태가 되었든, 가상현실 기계 안에 들어가 눕는 형태가 되었든 연결되는 장비가 있어야 한다. 이때 디바이스 안에서 가장 중요한 부분은 '렌즈'다. 잔상이 적고 빠른 슈퍼 아몰레드가 각광받는 이유다. 좀 더 실감나게 메타버스의 세상에 들어가기 위해서는 시각과 청각뿐만 아니라 촉각도 제어될 필요가 있다. 가상현실 촉각 슈트인 '테슬라 슈트'는 이를 위한 훌륭한 도구다.

테슬라 슈트는 몸의 모든 감각까지 가상현실에 동기화해 줄 수 있는 장비이다.

출처 : 테슬라슈트 홈페이지(teslasuit.io)

그런데 디바이스만 준비되면 메타버스를 제대로 경험할 수 있을까? 그렇지 않다. '콘텐츠'가 필요하다. 콘텐츠를 만들기 위해서는 가상현실을 개발할 수 있는 개발자, 그 안에서 움직이는 모든 것들을 디자인할 수 있는 디자이너, 의미를 부여할 수 있는 스토리텔러 등 연관되는 직군들이 다방면에서 필요하다.

메타버스 안에서 디지털 재화를 샀을 때 현실세계에도 영향을 미치기 위해서는 중간에서 정산을 해주거나 딜리버리를 할 수 있는 곳이 필요하다. 금융업이 준비되어 있어야 하는 이유이며, NFT의 성장에서 그 흐름을 읽을 수 있다.

마지막으로 전 세계 모든 사람들이 연결되는 세상이라면 얼마나 빠르고 안정적인 네트워크가 구축되어야 하는 걸까? 그렇다면 지금의 5G보다 몇 배 더 빠른 속도와 안정적인 연결을 위한 서버가 필요하다. 우주인터넷에 주목해야 하는 이유다.

지금까지 이야기한 것들은 누구나 쉽게 떠올릴 수 있는 것들이다. 여기까지 읽으며 머릿속을 스치고 지나가는 회사, 사업이 하나둘쯤 있을 것이다. 지금부터 메타버스를 공부해야 하는 이유다. 투자가 되었든 사업이 되었든 미리 준비해야 한다.

미래에 대한 준비에 필요한 건 상상력과 이를 뒷받침하는 근거다. 아직 메타버스는 제대로 정리되지 않은 시장이고, 가야 할 길이 멀다. 그렇기에 단기적인 소문에 부화뇌동하지 말고 장기적으로 보는 시각을 필수로 가져야 한다. 흔들리지 않기 위해서는 정확한 이해가 먼저 필요하다.

4

메타버스의
4가지 유형

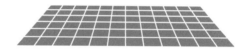

위키피디아에서 '메타버스'에 대해 검색하면 미국전기전자협회 IEEE 의 '지각되는 가상세계와 연결된 영구적인 3차원 가상공간들로 구성된 진보된 인터넷'이라는 정의와 비영리기술연구단체 ASF 의 '가상적으로 향상된 물리적 현실과 물리적으로 영구적인 가상공간의 융합'이라는 정의를 볼 수 있다. 정의가 너무 어렵다.

이 중에서 ASF가 내린 정의를 구체적으로 풀어보자. ASF의 정의에 따르면 메타버스는 '증강과 시뮬레이션' '내적인 것과 외적인 것'으로 구분할 수 있는데, 이를 바탕으로 증강현실·가상세계·라이프로깅·거울세계의 4가지 유형으로 나눌 수 있다. 구체적인 사례를 들어 확실히 이해해 보자.

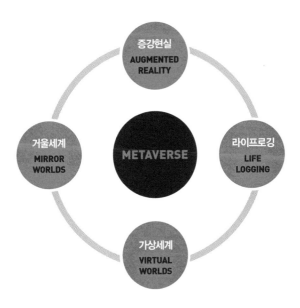

증강현실

증강현실 AR,Augmented Reality 은 현실세계 위에 가상의 캐릭터나 아이템, 물체가 보이는 걸 말한다. 애니메이션 〈드래곤볼〉에서 적들을 측정하는 스카우터, 영화 〈터미네이터〉에서 터미네이터가 인간을 볼 때 나오는 데이터, 〈어벤져스〉에서 아이언맨이 바라봤을 때 현실 위에 측정되는 수많은 데이터가 보였던 걸 생각하면 된다. 좀 더 쉽게 우리가 경험할 수 있는 것으로는 AR 게임 '포켓몬고'가 있고, 구글 글래스가 있다.

가상세계

가상세계 Virtual world 는 두 가지로 나누어 생각해 볼 수 있다. 영화 〈레디 플레이어 원〉처럼 나의 모든 의식과 감각이 가상현실 세계 속으로 녹아 들어가 활동하는 초가상의 세계와 내 몸은 현실세계에 있지만 스크린(화면)을 통해 가상세계로 들어가 활동하는 동물의 숲이나 포트나이트와 같은 게임으로 나눌 수 있다.

그렇다면 2018년의 드라마 〈알함브라 궁전의 추억〉은 증강현실과 가상세계 중 어느 쪽일까? 이 드라마 속 기술은 두 가지를 모두 합한 혼합현실XR이다. 현실과 가상세계에 실시간으로 동시에 있을 수 있기 때문이다. 앞으로의 메타버스가 지향하는 세상이기는 하지만 기술 난이도 면에서는 꽤 오래 기다려야 하는 세상이기도 하다.

라이프로깅

라이프로깅 Lifelogging은 우리가 일상에서 보고 듣고 느낀 모든 정보를 자동 기록하는 것을 말하며, SNS가 대표적이다. ASF의 정의에 따르면 매일 같이 우리가 사용하는 인스타그램, 유튜브, 페이스북 등의 SNS는 모두 메타버스에 해당한다. 현실에서의 내가 아닌 온라인 세상에서 나를 대신한 내 '아이디'와 '아바타'가 수많은 사람들과 관계를 맺기 때문이다. 이를 확장해 보면 SNS뿐 아니라 삼성헬스, 애플 건강 앱, 나이키 앱들을 통해 우리의 운동 데이터를 서버에 저장해 다른 사람들과 연결하는 것 역시 메타버스라 볼 수 있다.

거울세계

지금 거울을 들어 자신의 모습을 비춰보자. 나는 현실세계에 있는데 거울 속에도 내가 한 명 더 들어있고, 주변을 비춰보면 다른 사물들도 거울 속에 그대로 있다. 이처럼 현실을 거울처럼 똑같이 만들어 놓은 세상이 거울세계 Mirror world 이다. '구글 어스'를 생각하면 쉽다.

구글 어스는 2005년 구글에서 만들어 배포한 가상의 지구본으로, 전 세계의 모습을 위성사진으로 볼 수 있다. 뿐만 아니라 구글 스트리트뷰와도 연결되어 주변의 모습을 자세히 볼 수 있어, 구글 어스 하나만으로도 전 세계를 여행할 수 있을 정도다.

에펠탑을 보고 싶다면 파리로 이동해 확대해 볼 수 있고, 나스카 평원의 미스터리한 지상화가 궁금하다면 검색하고 엔터 버튼만 치면 된다. 마치 슈퍼맨이 된 것처럼 하늘을 나는 기분도 느낄 수 있다. VR까지 적용하게 되면 이때부터는 전 세계 어디든 직접 여행을 간 것처럼 돌아다니는 것이 가능해진다. 현실을 그대로 옮긴 거울세계라는 이름이 붙은 건 이 때문이다.

에펠탑을 보고 싶다면 구글 어스에서 파리로 이동해 에펠탑을 확대해 볼 수 있다.

출처 : 구글어스 홈페이지

현실을 가상의 세계로 그대로 옮겼다는 의미에서 보면, 배달의 민족과 쿠팡이츠처럼 현실세계의 가게를 온라인에 구현하거나 Zoom을 활용해 학습을 하는 것 역시 거울세계로 정의할 수 있다. 그런데 이렇게까지 확장하게 되면 거울세계의 범위는 너무 넓어지고 생각은 더 복잡해진다.

이렇게 메타버스의 4가지 영역을 살펴봤을 때 **메타버스는 한마디로 '현실과 상호작용하는 가상현실의 세계'라고 볼 수 있다.** 필자는 최근 활발하게 진행되고 있는 메타버스의 세상을 이해하기 쉽게 다음과 같이 4가지로 구분해 보았다. 이 기준에 따라 메타버스를 분류하면 더 이상 혼란스럽지 않을 것이다.

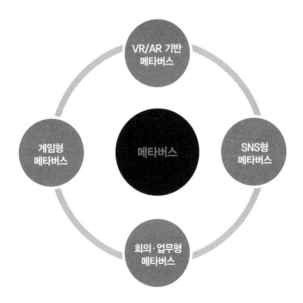

우선 VR/AR 기반의 메타버스는 기술 면에서 가장 우위에 있다. 현실을 그대로 가상으로 옮기는 가상세계와 현실에 가상의 데이터를 입히는 증강현실 기반의 메타버스를 말한다.

SNS형 메타버스는 친구와의 만남, 친목 도모를 위한 목적에서 확장해 나가는 메타버스를 말한다. 제페토는 대표적인 SNS형 메타버스로 시작했기에 한 방의 인원수가 아직 16명을 넘지 않는다.

게임형 메타버스는 불특정 다수와 다양한 게임을 즐기는 목적에서 시작했다. 로블록스, 마인크래프트는 물론 펄어비스의 도깨비 역시 게임형 메타버스에 속한다.

마지막으로 회의·업무형 메타버스는 누군가와 만나 협업하기 위한 목적으로 출발했다. 게더타운과 SKT의 ifland가 대표적으로, 사무실을 꾸미거나 회의·컨퍼런스를 진행하는 공간을 기본으로 확장해 나가고 있다.

물론 현실과 같은 가상세계가 등장하는 건 아직 먼 미래다. 그렇다면 이제 막 태동하고 있는 메타버스는 어떤 방향으로 발전하고 있는 걸까? Part 2에서 이미 우리가 경험해 봤던 여러 가지 게임들을 통해 확인해 보자.

메타버스의 이해를 도와줄 영화

레디 플레이어 원
영화 | Ready Player One | 2018

전체　기본정보　감독/출연　평점　무비클립　포토　리뷰　명대사　추천영화

개봉	2018.03.28.
등급	12세 관람가
장르	액션, SF, 모험
국가	미국
러닝타임	140분
배급	워너 브러더스 코리아㈜

소개

2045년, 암울한 현실과 달리 가상현실 오아시스(OASIS)에서는 누구든 원하는 캐릭터로 어디든지 갈 수 있고, 뭐든지 할 수 있고 상상하는 모든 게 가능하다. 웨이드 와츠(타이 쉐리던) 역시 유일한 낙은 대부분의 사람들이 하루를 보내는 오아시스에 접속하는 것이다. 어느 날 오아시스의 창시자인 괴짜 천재 제임스 할리데이(마크 라이런스)는 자신이 가상현실 속에 숨겨둔 3개의 미션에서 우승하는 사람에게 오아시스의 소유권과 막대한 유산을 상속한다는 유언을 남기고, 그가 사랑했던 80년대 대중문화 속에 힌트가 있음을 알린다. 제임스 할리데이를 선망했던 소년 '웨이드 와츠'가 첫 번째 수수께끼를 푸는 데 성공하자 이를 저지하기 위해 현실에서 살인도 마다하지 않는 'IOI'라는 거대 기업이 뛰어든다. 모두의 꿈과 희망이 되는 오아시스를 지키기 위해서는 반드시 우승해야 한다! 그리고 우승을 위해서는 가상현실이 아닌 현실세계의 우정과 사랑의 힘이 필요하기만 한데...

출처 : 네이버(이하 동일)

매트릭스

영화 The Matrix 1999

전체 **기본정보** 감독/출연 평점 무비클립 포토 리뷰 명대사 시리즈 >

개봉	1999.05.15.
등급	12세 관람가
장르	SF, 액션
국가	미국
러닝타임	136분
배급	워너 브러더스 코리아㈜

소개

인간의 기억마저 AI에 의해 입력되고 삭제 되는 세상.진짜보다 더 진짜 같은 가상 현실 '매트릭스' 그 속에서 진정한 현실을 인식할 수 없게 재배되는 인간들. 그 '매트릭스'를 빠져 나오면서 AI에게 가장 위험한 인물이 된 '모피어스'는 자신과 함께 인류를 구할 마지막 영웅 '그'를 찾아 헤맨다. 마침내 '모피어스'는 낮에는 평범한 회사원으로, 밤에는 해커로 활동하는 청년 '네오'를 '그'로 지목하는데... 꿈에서 깨어난 자들, 이제 그들이 만드는 새로운 세상이 열린다!

바닐라 스카이

영화 Vanilla Sky 2001

전체 **기본정보** 감독/출연 평점 무비클립 포토 리뷰 명대사 추천영화

개봉	2001.12.21.
등급	청소년 관람불가
장르	미스터리, 스릴러, SF, 멜로/로맨스, 드라마
국가	미국
러닝타임	135분
배급	UIP코리아

소개

남다른 매력과 탄탄한 재력으로 수많은 여성들의 시선을 한 몸에 받는 데이빗 에임즈. 그는 유력 출판사와 잡지사를 운영하는 와중에 줄리라는 여자를 만나지만 그녀는 단지 섹스 파트너일 뿐이다. 그러던 어느날 데이빗은 자신의 생일 파티에 온 친구 브라이언의 애인 소피아를 보고 한눈에 반한다. 그녀가 바로 자신이 꿈에 그리던 운명의 상대임을 직감하는 데이빗. 소피아 역시 그에게 이끌려 둘은 뜨거운 연인 사이가 된다. 하지만 데이빗에게 버림받은 줄리는 질투와 분노에 사로잡혀 이들을 미행하고, 마침내 데이빗과의 동반자살을 시도한다. 사고 이후 데이빗은 간신히 목숨을 건지지만 자기 얼굴이 알아볼 수 없게 망가진 것을 알고 괴로워한다.

아바타

영화 Avatar 2009

전체 | **기본정보** | 감독/출연 | 평점 | 무비클립 | 포토 | 리뷰 | 명대사 | 시리즈

개봉	2009.12.17.
등급	12세 관람가
장르	SF, 모험, 액션, 전쟁
국가	미국
러닝타임	162분
배급	해리슨앤컴퍼니

소개

지구 에너지 고갈 문제를 해결하기 위해 판도라 행성으로 향한 인류는 원주민 '나비족'과 대립하게 된다. 이 과정에서, 전직 해병대원 제이크 설리(샘 워싱턴)가 '아바타' 프로그램을 통해 '나비족'의 중심부에 투입되는 데... 피할 수 없는 전쟁! 이 모든 운명을 손에 쥔 제이크! 그 누구도 넘보지 못한 역대급 세계가 열린다! 아바타: 인간과 '나비족'의 DNA를 결합해 만들어졌으며 링크룸을 통해 인간의 의식으로 원격 조종할 수 있는 새로운 생명체

써로게이트

영화 Surrogates 2009

전체 | **기본정보** | 감독/출연 | 평점 | 무비클립 | 포토 | 리뷰 | 명대사 | 추천영화

개봉	2009.10.01.
등급	15세 관람가
장르	액션, SF, 스릴러
국가	미국
러닝타임	88분

소개

인류의 재탄생을 위한 전쟁이 시작된다! 대리, 대행자 등의 사전적 의미를 가진 <써로게이트>는 한 과학자가 인간의 존엄성과 기계의 무한한 능력을 결합하여 발명한 대리 로봇 즉 써로게이트를 통해 100% 안전한 삶을 영위하는 근 미래를 배경으로 한다. 그러나 써로게이트가 공격을 당해 그 사용자가 죽음을 당하는 전대미문의 살인 사건이 일어나면서 이야기는 달라진다. 미궁에 빠진 살인 사건을 조사하던 <써로게이트>의 히어로 그리어(브루스 윌리스 분)는 피해자가 다름 아닌 써로게이트를 발명한 과학자의 아들임을 알게 되고, 전 인류를 절멸의 상태로 빠뜨릴 치명적 무기가 존재함을 깨닫는다. 이제, 인류의 운명을 뒤바꿀 그리어의 절체절명의 미션이 시작된다!

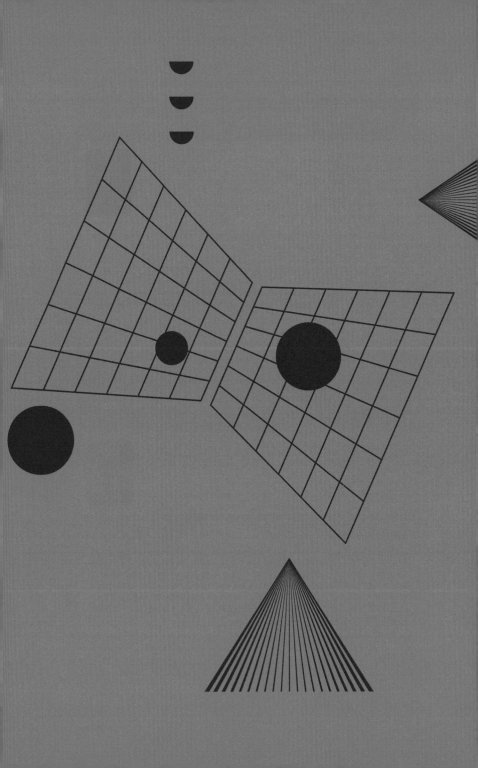

PART 2

이미 와 있는 미래, 메타버스를 경험하라

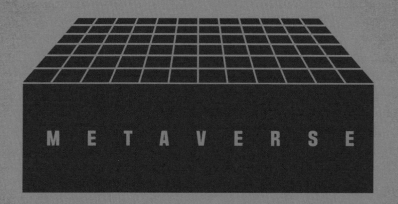

1
메타버스를 구성하는 3가지 요소

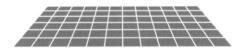

'메타버스' 하면 대표적으로 소개되는 것이 영화 〈레디 플레이어 원〉과 게임 '로블록스'이다. 그런데 아무리 따져봐도 이 둘의 차이는 너무 크다. 〈레디 플레이어 원〉에서의 세상은 가상현실 속에서 실제 현실처럼 모든 것을 느낄 수 있는데, 로블록스는 그래픽 면에서도 그렇고 내용 면에서도 뭔가 부실해 보이기만 하다.

이 둘의 차이는 플레이어가 어디에 있느냐와 VR 장비가 필요하냐 아니냐로 생각해 볼 수 있다. 〈레디 플레이어 원〉에서의 플레이어는 게임 안에 있지만, 로블록스에서는 게임 밖에서 화면으로 접속하고 움직인다. 〈레디 플레이어 원〉은 VR 장비와 햅틱 슈트 등 다양한 장비가 있어야 하지만, 로블록스는 간편하게 스마트폰 하나면 어디서든 접속할 수 있다.

그런데 로블록스와 같은 게임들을 모두 메타버스라 부를 수 있을까? 그건 아니다. 모든 게임은 현실이 아닌 '가상'이라는 점에서는 가상세계라 할 수 있지만, **게임 속 세상이 메타버스가 되기 위해서는 3가지 요소가 필요하다. 바로 '자유도' '대규모 소셜(소통)' '수익화'이다. 좀 더 자세히 알아보자.**

자유도

게임 중에는 파이널 판타지, 드래곤 퀘스트와 같이 내가 게임 속의 캐릭터가 되어 하나의 배역(용사, 기사, 마법사 등)을 맡아 정해진 퀘스트를 해결하며 마왕을 쓰러트리고 세상에 평화를 가져오는 롤플레잉게임 RPG 이 있다. 기사가 되어 마왕을 물리치기 위해 모험을 떠나는 마계촌과 같은 액션게임이 있고, 작은 공룡이 되어 거품으로 적들과 싸우는 버블버블과 같은 액션어드벤처게임도 있고, 스트리트 파이터와 철권 등의 격투게임도 있다.

이런 게임들은 이미 정해진 스토리와 정해진 캐릭터가 있다.

그래서 플레이어들에게 주어지는 '자유도'가 부족하다. 그나마 자유도라고 할 수 있는 건 시작할 때 캐릭터를 고를 수 있느냐의 유무, 시나리오에 일부 분기점이 있느냐의 차이 정도다. 하지만 **메타버스가 되기 위해서는 '높은 자유도'가 필수다.** 메타버스는 현실세계를 반영해야 하는데, 우리가 살아가는 현실은 짜맞춰진 삶이 아니기 때문에 자유도가 높다. 게임도 마찬가지다. 게임 안에서 현실과 같은 세상을 만들 수 있는 높은 자유도가 있다는 건 한 번 플레이하고 끝나는 게 아니라 여러 번 반복해서 게임에 접속해야 하는 이유를 줄 수 있다.

대규모 소셜(소통)

메타버스가 되기 위한 두 번째 요소는 바로 '소셜에서의 소통'이다. 혼자 게임을 하느냐, 다른 사람들과 연결된 상태에서 게임을 하느냐의 차이는 크다. 물론 요즘 대부분의 게임들은 이어폰을 끼고 대화를 나누면서 할 수 있다. 하지만 메타버스에서의 소통은 굳이 '오디오'로 말을 전하지 않아도 게임 속에서 채팅과 몸짓을 통해 자신의 의견을 전달할 수 있는 건 기본이고, 이를 넘어 다른 사람들과 물건을 거래하거나 파티를 맺어 함께 사냥을 하는 등 보다 적극적인 소통을 이야기한다. 이 소통은 10~20명을 넘어 100~1,000명 이상의 소셜 활동을 감당할 수 있어야 한다.

수익화

세 번째 요소는 '수익화'다. '자유도'가 정해진 게임 속에서 자유롭게 도시를 만들고 캐릭터를 만들고 때로는 게임 속에서 또 다른 게임을 만드는 걸 의미한다면, '수익화'는 이를 통해 현실세계의 돈을 벌 수 있느냐 없느냐를 말한다.

물론 예전에도 게임 속 아이템을 팔아 현금화하는 경우는 있었다. 그런데 메타버스는 이를 합법화하는 것을 넘어 플레이어들이 직접 제작한 아이템, 건물, 심지어 땅까지 거래해 게임 속의 사이버 머니를 획득할 뿐 아니라 이를 현실세계의 현금과 교환으로까지 확장하고 있다. 이제 게임을 하는 것이 현실과 동떨어진 '낭비'가 아니라 실제 돈을 버는 경제활동이 될 수 있는 것이다.

메타버스는 현실세계에서 마땅한 직업을 구하지 못한 사람들은 물론 현실과 완전히 다른 또 하나의 수익을 창출할 수 있는 매력적인 세상이 될 수도 있다. 이런 수익화 시스템을 가졌느냐 아니냐가 경쟁력 있는 메타버스를 결정하는 가장 강력한 요소이다.

그렇다면 가상세계에서 자유롭게 살아가며, 다른 플레이어들과 상호작용을 통해 즐기는 메타버스 게임은 '로블록스'가 유일한 걸까? 물론 아니다. 이제 우리가 그동안 경험하면서도 몰랐던 메타버스 게임에 대해 살펴보자.

2

우리가 이미 경험했던
메타버스 게임

바람의 나라, 리니지가 만든
메타버스의 세계

게임 강국인 우리나라는 1996년 이미 최초로 상용화된 그래픽 게임 MMORPG '바람의 나라'를 만들었다. 누구나 무료로 회원가입을 하고 자신의 아바타를 꾸민 후 바람의 나라에 접속만 하면 된다. 다른 사람들과 대화를 나누는 것도, 파티를 맺는 것도 가능하다. 필요하다면 레벨을 올리지 않고 그냥 돌아다니기만 해도 된다. 바람의 나라는 이런 의미에서 최초의 메타버스 게임이라고 할 수 있다. 더 놀라운 건 25년 넘게 PC 버전을 업데이트했고, 2020년에는 모바일 버전까지 내놨다는 점이다.

뒤를 이은 건 1998년의 '리니지'다. 게임 속에서 다른 플레이어들과 혈맹(길드)을 맺고 성주가 될 수 있으며, 다른 세력들과 싸울 수도 있다. 게임 속 아이템은 아이템베이와 같은 사이트를 통해 현금으로 거래할 수 있었고, 열심히 키운 캐릭터 계정을 통째로 팔기도 했다. 게임에서 만나 실제 결혼까지 이어졌고, 게임 속에서도 게임 캐릭터로 결혼식을 올리고 하객들도 게임 속 캐릭터로 참여해 축하하는 진풍경은 우리에게 흔한 일이었다.

'리니지2'로 넘어가며 게임사에 널리 기록된 스토리가 탄생한다. 바로 '바츠해방전쟁', 짧게 요약하자면 가장 큰 세력을 가진 길드가 바츠란 이름의 게임 서버를 장악했고, 플레이어들이 그곳에서 사냥을 하기 위해서는 높은 세금을 내야 했다. 말을 듣지 않으면 게임을 할 수 없게 따라 다니며 플레이어를 죽였다. 이런 횡포에 대항하는 소수세력들이 결집했고, 제국군과 해방군이라는 영화에서나 볼 법한 스토리들이 만들어졌다. 심지어 다른 서버에서 활동하던 유저들도 해방전쟁에 참여하기 위해 캐릭터를 새로 만들어 제국군을 한 대라도 더 때리고 죽는 일까지 벌어졌다. 새로 생성한 캐릭터들이 내복을 입고 나온다 하여 이들에게는 '내복

단'이란 이름이 붙여지기도 했다.

바츠해방전쟁은 2004년 리니지2 '바츠' 서버를 장악한 'DK혈맹'과 폭정을 견디다 못한 유저들의 전쟁으로, 전투에 참여한 인원이 20만 명을 넘었다고 한다.

출처 : 리니지 공식 블로그(blog.ncsoft.com/play/lineage)

이 정도면 우리나라에서는 이미 20년 전부터 메타버스가 시작된 것으로 봐도 되지 않을까? 리니지 이후 지금까지 전설적인 게임으로 자리를 차지하고 있는 건 2004년 출시된 블리자드의 '월드 오브 워크래프트'다.

이처럼 바람의 나라, 리니지, 월드 오브 워크래프트 등의 게임이 다른 게임들에 비해 꽤 높은 자유도가 주어지기는 했지만 그렇다고 해서 완벽한 자유도는 아니었다. 게임은 '밸런스'라는 게 있어야 하기 때문에 플레이어들이 마음대로 아이템을 창조하거나 지형을 바꾸는 등의 일은 할 수 없었다.

이런 게임들은 공통적으로 게임 속에서 빠져나오지 못하는 수 많은 폐인들을 양산했고, 게임 속 무기와 장비를 갖추기 위해 월 30만원씩을 지불한다는 이야기도 끊이지 않았다. 게임을 하지 않는 사람들도 리니지의 '집행검'이라는 아이템이 3,000만원까지 간다는 이야기를 한 번쯤 들어봤을 것이다(지금은 10억원 이상의 가치를 가지는 아이템까지 등장했다).

세컨드라이프

상당히 높은 자유도를 주고, 별다른 미션도 없이 그냥 살아가기만 하는 게임이 있다면 어떨까? 2003년 탄생한 '세컨드라이프'가 이에 걸맞는 게임이었다.

말 그대로 '두 번째 인생을 사이버 세상에서 살아가라'는 의미인 세컨드라이프에 대해 린든랩의 CEO 필립 로즈데일은 《스노 크래시》에서 영감을 받아 만들었다고 한다. 바람의 나라와는 다른 의미에서 '메타버스'를 최초로 구현한 게임이라고 할 수 있다.

세컨드라이프의 게임 속 자유도는 상당히 높았다. '아바타'만 하더라도 기본적으로 받을 수 있는 클래식 아바타와 메시 아바타, 심지어 인간형이 아닌 아니메, 동물, 수인 등 원한다면 식물이

세컨드라이프 속에서 플레이어들은 그냥 또 하나의 세상에서 살아가기만 하면 된다.

출처 : 세컨드라이프 홈페이지(www.secondlife.com)

나 외계 생명체로도 만들어 플레이할 수 있었다.

'미션이 없다'고 하지만 게임 속에서 어느 정도 즐길 수 있는 것들은 있다. 첫 번째는 미팅이다. 게임 속에서 1:1 혹은 다:다수의 채팅을 할 수 있다. 두 번째는 여행으로, 우주에서 지옥까지 사람들이 만들어 놓은 곳이면 어디든 갈 수 있으니 하루 종일 여행만 다녀도 된다. 세 번째는 게임이다. 세컨드라이프 안에서 할 수 있는 미니 게임으로 이동해 서로 사냥을 하거나 싸우면 된다.

세컨드라이프가 전 세계에서 주목받은 이유는 앞에서 이야기한 3가지 요소 중 하나인 '수익화', 바로 돈과 관련된 경제활동이 가능했기 때문이다. 세컨드라이프 안에서 통용되는 화폐는 '린든

달러'로, 이를 가지고 세컨드라이프 안에서 '땅'을 살 수 있고, 내가 산 땅을 다른 플레이어들에게 임대하거나 건물을 지어 또 다른 수익을 올릴 수도 있었다.

이렇게 올린 수익은 게임 안에서 통용되는 가상화폐로만 머무르는 것이 아니라 Lindex라는 거래소에서 실제 달러로 환전할 수 있었고, 실제 달러 역시 린든 달러로 바꿀 수 있었다. 게임 개발사인 린든랩이 중앙은행의 역할을 한 것이다. 2006년 한 해 동안 거래 규모만 해도 8,800만달러였다고 하니 기업과 개인들이 관심을 가질 수밖에 없었다.

현실세계에서의 나는 취업 때문에 걱정인데, 무료로 할 수 있는 게임인 세컨드라이프 안에서는 다른 사람의 가게에 취업해 돈을 벌 수 있으니 많은 사람들이 너도나도 게임에 빠져들었다. 실제로 당시 월 5,000달러 이상의 수입을 올리는 유저들이 나타나며, 기업들도 주목하기 시작했다.

삼성전자는 2007년 소프트뱅크와 함께 세컨드라이프 안에 '소프트뱅크×삼성'을 오픈해 프로모션을 진행했다. 아디다스, 도요타, 소니, IBM 등 다양한 회사들 역시 세컨드라이프 안에서 홍보를 진행했고, 델컴퓨터는 게임 속에서 PC 주문을 받아 현실세계에서 직접 배달해 주기도 했다. 이미 우리가 생각했던 메타버스의 모든 개념이 세컨드라이프를 통해 이루어지고 있었던 것이다.

경제활동이 가능한 세컨드라이프 안에서는 삼성전자, 소프트뱅크 등 많은 기업들이 홍보를 위한 상점을 오픈했다.

출처 : 소프트뱅크

세컨드라이프는
왜 실패했을까?

그런데 '세컨드라이프'는 왜 지금까지 계속되지 못했을까? 4가지 이유를 생각해 볼 수 있다.

먼저 언어의 장벽이 컸다. 철저히 미국 스타일에 맞춰 만들어진 서비스이다 보니 비영어권 유저들은 처음 접속하는 순간 당황

하게 된다. 다른 사람과 소통을 해야 하는데, 아무리 영어 능통자라 하더라도 모국어가 아닌 이상에야 불편할 수밖에 없다. 물론 게임 내에서 번역기를 사는 경우도 있었지만, 기본적으로 언어의 장벽이 해소된 것과 해소시켜야 하는 것은 다르다.

둘째, 현실의 모든 것을 반영하는 과정에서 발생한 성적인 문제, 도박 문제, 폭력 문제 등이 해결되지 않았다. 게임 내에서 발생하는 성희롱 등의 이슈에 대해 미성년을 보호할 수 있는 수단이 딱히 없었고, 정당한 상거래뿐 아니라 도박을 통해 얻은 돈의 경우 세금 문제가 발생했다. 다른 캐릭터들에게 폭력을 가했을 때 처벌받지 않는 것도 문제였다. 현실세계를 옮겼지만 해결책까지는 옮기지 못했기 때문에 서비스가 계속될수록 문제들도 커졌다.

셋째, 목적이 없는 삶이라는 것도 문제였다. 아무런 미션이 없다는 건 자유를 주기도 하지만, 현실세계에서도 갑작스럽게 많은 자유가 주어지면 무엇을 해야 할지 몰라 우왕좌왕하게 된다. 게임에 접속했는데 특별히 할 게 없다는 건 접속할 이유가 없다는 것이기도 하다.

넷째, SNS의 부상이다. 사실 이 부분이 가장 큰 타격이었다. 2004년 페이스북, 2006년 트위터가 등장하자 세컨드라이프에서 만나 대화를 즐기던 사람들은 굳이 사이버 세상의 아바타로 다른 사람들을 만날 필요가 없어졌다. 세컨드라이프를 통해 돈을 벌 수 있다는 경제활동 외에 모든 것을 SNS로 대체할 수 있게 된 것이다.

특히 2009년 아이폰이 등장하며 촉발된 모바일 혁명은 세컨드라이프에 사망 선고를 내렸다. 소통이 편리한 SNS에 모바일이라는 이동성이 더해지며, 언제 어디서나 빠르고 간편하게 연결될 수 있게 된 것이다. 컴퓨터 앞에 앉아 있어야만 했던 세컨드라이프에 대한 열기가 식게 된 건 어쩌면 너무 당연한 일이다.

2004년 페이스북이 등장한 이후 지금까지 소셜네트워크서비스SNS는 소셜 게임(여기서는 세컨드라이프류의 게임들을 소셜 게임이라 부르기로 하자)보다 앞서 있는 상태였다. 하지만 **시간이 흐르며 소셜 게임들의 반격은 서서히 이루어지고 있었다.**

3

소셜 게임의 반격, 현실과 연결되다

닌텐도

반격의 시작은 영원한 힐링 게임 '동물의 숲'이었다. 동물의 숲은 2001년 닌텐도64용으로 나왔던 게임이다.

　그 당시 대부분의 게임은 공주가 납치되어 구하러 가거나(슈퍼마리오), 좀비를 쓰러트리거나(바이오하자드), 1:1로 싸워 상대방을 이겨야(철권) 하는 게임들이었다. 플레이어들의 실력이 올라갈수록 게임의 난이도는 점점 올라만 갔고, 조금 더 높은 점수, 조금 더

닌텐도64는 1996년 6월에 닌텐도가 발매한 가정용 게임기이다. CPU가 64비트여서 닌텐도64라고 이름 붙여졌다.

출처 : 닌텐도 홈페이지

빠른 클리어를 위한 경쟁이 계속됐다. 이런 게임들이 대세인 상황에서 게임 프로듀서 데즈카 다카시는 '아무런 목적이 없는 게임을 만들면 어떨까?'라는 생각을 했고, 여기서 '동물의 숲'이 탄생하게 된다. 다만 닌텐도64와 같은 게임기들은 '콘솔', 즉 TV 모니터와 연결되어야 하기에 항상 고정된 자리에서만 게임을 해야 하는 단점이 있었다.

드디어 휴대용 게임기인 닌텐도 DS용으로 '놀러오세요, 동물의 숲'이 2005년에 출시됐고, 한국에서도 2007년 정식 발매되어 수많은 팬을 모았다. 2020년 코로나19 시국에 닌텐도 스위치용으로 출시된 '모여봐요, 동물의 숲'은 2020년 12월 말까지 3,118만 장을 판매하며 절정의 인기를 누렸다. 코로나 블루라 할 만큼 집에서 우울했던 사람들에게 동물의 숲은 편안함을 주었기 때문이다.

'모여봐요, 동물의 숲(줄여서 모동숲)'이 많은 사람들에게 사랑을 받게 된 건 바로 '마이 디자인'과 '꿈번지'라는 기능 때문이다. '마이 디자인'은 게임 속에서 도트를 찍어 옷·바닥·타일 등을 디자인할 수 있는 기능으로, 마크제이콥스·발렌티노 등의 회사들은 자신들의 신상품을 동물의 숲에서 공개하기도 했다(지금도 마크제이콥스의 인스타그램과 트위터에서 의상 디자인 코드를 받을 수 있다). 심지어 메트로폴리탄 미술관은 자신들이 소유한 작품을 쉽게 동물의 숲으로 가져갈 수 있도록 했다.

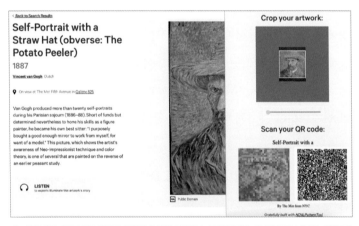

메트로폴리탄 미술관에서 작품을 검색한 후 공유 버튼을 누르면 '동물의 숲' 아이콘이 나온다. 아이콘을 누르면 QR 코드가 나오는데, 이걸 닌텐도 스위치로 가져가면 작품을 볼 수 있다.

출처 : 메트로폴리탄 미술관 홈페이지(www.metmuseum.org)

'꿈번지' 역시 재미있는 기능인데, 자신이 만든 섬을 꿈번지를 통해 다른 플레이어들에게 공개할 수 있고, 이를 이용해 다른 플레이어들의 섬에도 놀러 갈 수 있다. 게다가 '꿈'이기 때문에 다른 플레이어들이 놀러와 섬을 엉망으로 만들어도 실제 자신의 섬에는 영향이 없는 장점을 가지고 있다. 이렇게 서로를 초대할 수 있으니 감각적인 개인들은 창의적으로 만든 꿈의 섬을 다른 사람들에게 공개하고 있다. 공개된 꿈번지 코드만 알고 있다면 **누구나 놀러 갈 수 있고, 누구나 초대할 수 있는 이런 매력적인 서비스를 기업과 기관들이 놓칠 리 없다.**

바이든이 동물의 숲에 만든 꿈번지(7286-5710-7478), 바이든은 동물의 숲을 젊은 유권자들과의 소통의 장으로 활용했다.

출처 : 모여봐요, 동물의 숲

미국 대선 당시 바이든 후보 측에서는 '마이 디자인'을 통해 바이든 후보자의 지지 표지판을 배포했고, 바이든 섬을 만들어 '꿈번지'로 공개했다. 이 섬을 찾은 지지자들은 편하게 섬을 둘러보며 바이든의 캐릭터와 인사도 나누고, 선거캠프도 둘러볼 수 있었다. 코로나19로 인해 집에만 있어야 하는 젊은 세대들에게 어필할 수 있는 아주 좋은 전략이었다.

2021년 3월에는 LG디스플레이가 '올레드 섬'을 만들어 공개했다. 여기저기 숨겨진 LG올레드TV를 찾는 등 다양한 게임 요소를 두어 관심을 모았다. 6월 롯데하이마트는 하이메이드섬을 만들었다.

LG디스플레이가 만든 동물의 숲 속 '올레드 섬' 꿈번지(7677-3136-5978)　　출처 : 모여봐요, 동물의 숲

누군가에게 자신의 이야기를 전할 수 있다는 것은 정치적 메시지를 전할 수 있다는 의미이기도 하다. 홍콩 우산혁명의 상징 조슈아 윙 역시 자신의 섬을 통해 '광복홍콩 시대혁명'이란 메시지를 전했다. 닌텐도 스위치가 중국에서 판매 중지에 이른 건 이 때문이라는 분석도 있다.

그렇다면 이제 동물의 숲을 단순히 아이들만 좋아하고 어른들도 슬쩍 좋아하는 게임이라는 생각에서 벗어나야 한다. **이미 게임은 현실에 영향을 미치고 있고, 현실은 다시 게임에 영향을 미치고 있기 때문이다.**

홍콩 우산혁명의 상징, 죠수아 윙이 동물의 숲에서 자신의 집 앞마당에 자신의 정치적 의견을 표현하고 있다.　　　　　　　　　　　　　　　　　　　　　　　출처 : 모여봐요, 동물의 숲

마인크래프트

아이들이 놀이터에서 모래를 가지고 다양한 형상을 만들며 노는

것처럼 게임 속에서 제공하는 도구들을 사용해 자유롭게 만들고 싶은 걸 만들며 살아가는 공간을 '샌드박스'라고 한다. 동물의 숲도 샌드박스 류의 게임이지만, 이 분야에서 가장 유명한 건 '마인크래프트'다.

마인크래프트는 2009년 베타버전을 거쳐 2011년 정식으로 출시된 스웨덴 Mojang스튜디오의 게임이다. 이름 그대로 채광(속어로 광질)과 제작(크래프트)을 할 수 있는 게임으로, 상당히 자유도가 높다. 원래 스토리는 무인도에서 시작한 플레이어가 자유롭게 섬 안에 있는 자원(돌, 나무 등)을 활용해 집도 짓고 무기도 만들고 음식도 만들어 먹으며 밤이 되면 몰려오는 좀비들을 피해 살아남

샌드박스 게임의 대표 주자는 동물의 숲이 아니라 마인크래프트다.

출처 : 마인크래프트 홈페이지(www.minecraft.net)

는 게임인데, 크리에이터 모드가 생기며 마치 신이 된 것처럼 허공을 자유롭게 날 수 있고, 다양한 건축물도 만들 수 있게 됐다. 2020년 기준 윈도우, 맥, 닌텐도 스위치 등 다양한 플랫폼에서 2억 개 이상 판매된 게임으로, 월 평균 유저 수는 1억 2,600만 명을 넘어서고 있다. 마인크래프트가 없었다면 유튜버 도티와 잠뜰도 없었을 것이다.

MS는 2014년 25억달러(당시 기준 2조 5,000억원)에 Mojang을 인수했다. 당시 MS의 CEO 사티아 나델라는 '게임은 모바일과 PC의 다리 역할을 하는데, 마인크래프트는 훌륭한 플랫폼'이라며 인수 이유를 밝혔다. 그리고 지금 그 선택은 옳은 것으로 증명되고 있다. 마인크래프트는 교육용 버전을 통해 코딩 수업까지 지원하고, MS의 증강현실 플랫폼 홀로렌즈에서도 구현할 수 있는 게임으로 성장하고 있다.

마인크래프트 역시 아이들만 하는 게임이 아니다. 성인들도 에펠탑, 스핑크스, 영화 〈반지의 제왕〉 속 판타지 세계를 재창조하는 등 다양한 건축물을 만들며 즐길 수 있고, 자신만의 작품들을 공개하기도 한다. 여기에 더해 **마인크래프트 속 '마켓 플레이스'를 이용하면 캐릭터들이 입을 수 있는 스킨과 다양한 미니 게임을 판매해 수익을 올릴 수 있다.** 이를 위해서는 마켓 플레이스에 파트너로 신청해 통과해야만 한다.

코로나19 이슈가 한참일 때 마인크래프트를 활용한 이색적인 이벤트들도 생겨났다. 버클리대학교와 펜실베니아대학교의 캠퍼스가 마인크래프트에 구현되었고, 일본에서는 초등학교 졸업식이 진행되기도 했다. 우리나라에서는 청와대에서 어린이날 행사를 마인크래프트에서 진행했는데, 청와대와 샌드박스의 버추얼팀이 협업한 결과로 유튜브에서는 100만 조회수를 기록했다. 청와대 유튜브 채널에서 확인할 수 있고, 제작된 맵은 누구나 다운받아 플레이할 수 있도록 공개했다.

인천시는 2020년 하반기 '인천크래프트로 인천을 여행하자'를 내세우며, 누구나 참석할 수 있는 오픈 서버와 플레이할 수 있는

코로나19로 야외행사가 어려워지자 청와대는 어린이날 행사를 마인크래프트에서 열었다.

맵을 공개했다. 마인크래프트를 하지 않더라도 유튜브를 통해 볼 수 있도록 공개되었는데, 인천공항·인천대교·센트럴파크·강화 고인돌 등의 랜드마크가 마인크래프트로 만들어져 있다.

인천시는 마인크래프트를 활용해 누구나 자유롭게 여행하고 체험할 수 있도록 인천크래프트를 오픈했다.
출처 : 인천시 유튜브

동물의 숲과 마인크래프트의 공통점은 유저들이 직접 게임 속의 도구를 활용해 게임의 무대를 재창조할 수 있다는 데 있다. 차이점은 동물의 숲은 게임 속에서 다양한 물건들을 구입하려면 '벨'이 있어야 하는데, 이 벨은 현금으로 사고 싶어도 살 수 없고 게임 속에서 다양한 물건을 팔아서만 얻을 수 있다. 반면 마인크래프트는 마인코인을 현금으로 구매해 마켓 플레이스에서 스킨이나 미니 게임을 살 수 있다. '현질'이 가능하냐 아니냐의 차이다.

로블록스

이제 메타버스 관련 테마주로 가장 각광받는 로블록스를 살펴보자. 마인크래프트를 오랫동안 한 사람들에게 로블록스는 마인크래프트의 아류작처럼 느껴진다. 캐릭터 구성이나 미니 게임, 자신만의 집을 꾸밀 수 있는 점이 비슷하기 때문인데, 로블록스는 마인크래프트보다 무려 3년이나 빠른 2006년에 출시된 게임이다. 캐릭터의 생김새 역시 다르다. 마인크래프트는 네모난 형태에서 벗어날 수 없는데, 로블록스는 '레고'를 닮았다.

로블록스에 처음 로그인을 하게 되면 자신만의 '아바타'를 만들어야 한다(마인크래프트는 스티브와 알렉스라는 아바타를 기본으로 제공한다). 아바타를 만들고 나면 700만 명이 넘는 게임 개발자들이 만든 1,800만 개가 넘는 게임들 중에서 자신이 하고 싶은 게임을 골라 플레이할 수 있다. 하루에 하나씩만 하더라도 평생 다 플레이하지 못할 정도로 많다.

이렇게 오래되고 핫한 게임인데도 불구하고 성인들 대부분은 로블록스를 모른다. 하지만 초등학생 자녀들이 있는 경우에는 좀 다르다. 한두 번씩 해보는 아이들도 있고, 아예 로블록스에서 빠져 헤어나오지 못하는 아이들도 있다. 이런 아이들 유저의 숫자가 1억 5,000만 명이다. 마인크래프트의 1억 2,600만보다도 2,400

[NEW UPDATE!] Mighty Omega 👍 92% 👤 1.9K

[⚡UPDATE 3 🎁]Grand Piece 👍 94% 👤 21K

Warrior Cats: Ultimate Edition 👍 94% 👤 519

SEASON 4 益 Anime Fighting 👍 95% 👤 39.4K

[2x Eggs!] Giant Simulator 👍 84% 👤 5K

Super Evolution [BETA] 👍 92% 👤 5.7K

[UPDATE + 2x Spawns] Shindo 👍 93% 👤 41.2K

Swor 87%

새롭게 떠오르는 게임   전체 보기

엔트리 포인트 👍 90% 👤 2.4K

Dinosaur City 👍 88% 👤 6.2K

Don't Press The Button 👍 77% 👤 4.4K

Ragdoll Testing 👍 88% 👤 2.9K

경부의 안식처 Miner's Haven 👍 82% 👤 1.8K

Treasure Quest (한국어로) 👍 87% 👤 3K

Epic Egg Hunt 2021 👍 84% 👤 1.6K

Farmi Friend 84%

로블로스에는 평생 동안 플레이하기 어려울 정도로 많은 1,800만 개가 넘는 게임이 있다.

출처 : backlinko 홈페이지(backlinko.com/roblox-users)

만이나 더 많다. 우리가 주목해야 할 부분이 여기에 있다. 2021년 초 조사된 결과에 따르면 미국에서는 16세 미만의 청소년들이 가입한 비율이 55%가 넘고, 이들은 하루에 156분을 로블록스에서 생활한다고 한다. 인스타그램은 35분, 페이스북은 21분이라고 하니 페이스북이 긴장할 수밖에 없다. 지금 당장은 괜찮다고 하더라도 **앞으로 10년 아니 5년만 더 지나면 이 아이들은 페이스북이나 인스타그램을 사용하지 않을 게 눈에 보이기 때문이다.**

2006년 로블록스가 탄생했을 당시 초등학생이었던 아이들이 지금 대학생이 됐다. 자신이 즐기던 게임에서 자신이 만드는 게임으로 성장하기에 충분한 시간이다. 로블록스가 1,800만 개 이상의 게임을 제공할 수 있는 힘은 바로 이 '개인 개발자 집단'이 있었기 때문이다. 이들의 숫자만 해도 700만 명에 달한다고 하니 엄청난 힘이다.

　게임을 개발하는 방법도 어렵지 않다. 별도의 저작도구도 필요없이, 로블록스 스튜디오에 접속한 후 이를 자신의 PC나 맥에 설치하기만 하면 된다.

로블록스 스튜디오를 이용해 게임을 만들 수 있다.　　　출처 : 로블록스 스튜디오(www.roblox.com/create)

　스튜디오에서는 코딩을 하지 않아도 단순히 드래그&드롭 만으로 쉽게 게임을 만들 수 있다. 물론 복잡한 게임을 만들기 위해서는 상당한 시간을 투자해야겠지만, 그래도 **게임을 하는 것에 그치지 않고 게임으로 돈도 벌 수 있다는 인식은 이제 성인들까지 로블록스로 들어오게 만들고 있다.**

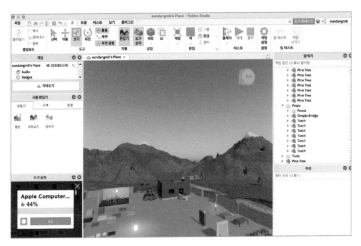

로블록스 스튜디오에서는 드래그&드롭 만으로 게임을 쉽게 만들 수 있다.

현대자동차는 2021년 9월 '현대 모빌리티 어드벤처'를 로블록스에 공개하며, 이제는 기업의 비전을 공개하는데 그치지 않고 기업의 제품을 체험하게 만드는 영역으로 사용할 수 있음을 보여 줬다. 게다가 로블록스는 수익성까지 확실하다. 게임 속에서 통용되는 '로벅스'라는 디지털 화폐로 유저들은 게임 속 아바타를 꾸미기 위한 스킨을 사거나 아이템을 살 수 있다. 가격은 400로벅스에 4.99달러(약 5,500원)이다.

이렇게 로벅스로 구매한 돈의 30%는 개발자들에게 지급되는데, 가장 유명한 사례로 언급되는 건 로블록스 게임 'Jailbreak'를

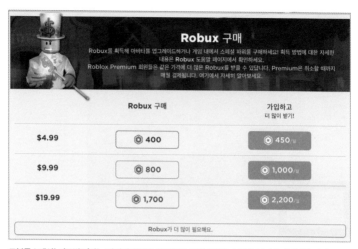

로블록스에서는 '로벅스'라는 디지털 화폐로 아바타를 꾸미기 위한 스킨을 사거나 아이템을 살 수 있다.

출처 : 로블록스 홈페이지(www.roblox.com)

개발한 고등학생 알렉스 발판즈다. 이 친구가 고등학교 3학년 때 (2017년) 만든 이 게임은 누적 이용자 수만 해도 48억 명이 넘고, 게임 내 아이템 판매액만 연간 수억 원에 이른다고 한다. 그러니 아이들이 로블록스를 하고 있다면 꿈과 희망을 듬뿍 담아 응원해 주자.

동물의 숲과 달리 마인크래프트나 로블록스는 '단일 디바이스'에서만 플레이되는 게 아니라 PC, 맥, 모바일, 태블릿, 엑스박스, 심지어 오큘러스 VR까지 현존하는 대부분의 기기에서 제한없이 즐길 수 있게 만들어져 접근성이 뛰어나다.

동물의 숲, 모바일 버전 출시

여기까지 따라왔다면 두 가지 생각이 들지 않는가?

첫째, '와우, 뭔지 잘 모르겠지만 일단 돈이 되는 거구나.'

둘째, '잘되는 메타버스 게임의 특징은 언제 어디서나 접속해 즐길 수 있는 휴대성과 샌드박스라 불리는 자율성, 그리고 게임 개발사뿐 아니라 참여자도 돈을 벌 수 있는 플랫폼이 갖추어져야 하는구나.'

두 번째 내용을 다시 정리해 보면 **메타버스 소셜 게임이 성공하기 위해서는 '이동성' '자율성' '수익성'의 3가지가 있어야 한다.** 이 기준으로 볼 때 동물의 숲은 일단 과금이 없으니 성공적인 메타버스의 조건을 충족하지 못한다. 그래서 등장한 게 동물의 숲 스마트폰용 게임인 '포켓캠프'이다. 기존 동물의 숲은 카트리지를 구매하거나 다운로드판을 구매해 설치하는 형태이기에 게임 구매비용을 제외하고는 과금 요소가 없었다. 물론 마이 디자인으로 송금 QR코드를 디자인해 현실세계의 물건을 파는 경우도 있기는 했지만 공식적인 것은 아니다.

스마트폰 버전은 무료로 게임을 다운받아 즐길 수 있지만, 나만의 캠프를 멋지게 꾸미기 위해서는 돈을 들여 아이템을 구입해야 한다. 닌텐도 역시 과금의 문제를 모바일 게임으로 해결한 것이다.

동물의 숲도 스마트폰용 게임인 '포켓캠프'를 출시했다.　　　　　　출처 : 동물의 숲 포켓캠프 앱

　　대신 여전히 숙제 하나가 남아 있다. 로블록스나 마인크래프트처럼 누구나 참여해 자신만의 아이템을 만들어 판매하게 할 것인지 또는 기업들을 참여시켜 물건을 팔게 하거나 홍보를 하게할 것인지도 충분히 고민하고 있을 것이다.

포트나이트 파티로얄

이처럼 모든 게임회사들은 개인과 기업이 함께할 수 있는 '플랫폼'을 만들기 위해 노력하고 있다. 하지만 지금까지 살펴본 마인크래프트나 로블록스, 동물의 숲의 경우에는 구매력이 있는 성인들을 사로잡기에는 아쉬움이 있었다. 그런데 2020년 9월, 게임을 즐기지 않는 사람들까지 포트나이트에 접속하는 일이 발생했다. 바로 포트나이트 파티로얄 때문이다.

원래 포트나이트는 여러 플레이어들과 협력해 요새를 건설하고 상대방을 물리쳐야 하는 '배틀로얄' 게임이다. 비슷한 게임으로는 원조격인 배틀그라운드가 있어 한때 아류로 불리기도 했지만, 지금은 다르다.

포트나이트가 배틀그라운드와 확연한 차이를 보이게 된 건 '파티로얄' 덕분이다. 파티로얄은 전쟁터에서 총을 내려놓고 만나는 일종의 비무장지대를 생각하면 된다. 이곳에서는 가볍게 친구

포트나이트는 게임 속 스테이지인 파티로얄에서 다양한 공연과 영화를 상영하고 있다.

출처 : 포트나이트 파티로얄(fortnite.com)

들과 스카이다이빙, 모터보트 조종, 물감 총을 쏘는 등 가벼운 미니 게임을 즐기거나 콘서트·영화 등 특별한 공연을 볼 수 있다. 그래서 게임에 참가하지 않는 유저들도 '공연'을 보러 포트나이트에 접속하는 것이다.

메타버스를 설명할 때 항상 빠지지 않는 사례가 있다. 미국의 힙합가수 트래비스 스캇의 온라인 콘서트이다. 스캇은 포트나이트 파티로얄에서 2020년 4월 24일, 25일, 26일 동안 총 5번의 공연을 열었다. 참가자들은 공연 전인 21일부터 트래비스 스캇의 의상과 이모트를 구매할 수 있었다. 포트나이트 속의 공연은 가상세계 속의 공연답게 현실에서는 볼 수 없는 다양한 볼거리를 제공했다. 스캇이 거인의 형태로 등장하기도 했고, 우주에서 시

힙합가수 트래비스 스캇은 2020년에 포트나이트의 온라인 공간 '파티로얄'에서 5번의 콘서트를 열었다.

출처 : 포트나이트 파티로얄(fortnite.com)

작해 물속을 헤엄치기도 했다. 공연에 참가한 포트나이트 유저들은 2,770만 명이나 되었고, 매출만 해도 2,000만달러(약 216억원)를 올린 것으로 알려졌다. 2019년 오프라인 투어 때의 수익은 170만달러(약 18억원)였다니 오프라인보다 온라인에서 더 많은 돈을 번 것이다. 특히 코로나19 시대에도 수많은 팬들을 만날 수 있고, 수익도 올릴 수 있는 이 플랫폼을 엔터테인먼트 회사들이 놓칠 리 없다.

영화 〈인셉션〉을 상영하거나 단편 애니메이션 영화제도 이곳에서 열렸다. 물론 영화관에서 보는 것보다 몰입도는 떨어질 수밖에 없지만, 포트나이트는 몰입도보다 여럿이 함께 본다는 '공감'과 '연대' 그리고 '재미'에 초점을 맞추고 있다. BTS 역시 포트나이트에서 뮤직비디오를 공개했다. 실시간 라이브는 아니었지만 이용자들은 BTS 이모트를 구입해 공연을 보며 자신의 캐릭터로 같이 춤을 따라 추었다.

포트나이트가 가진 또 하나의 강점은 다양한 회사와 콜라보를 통해 새로운 캐릭터 스킨을 제공하고 있다는 것이다. 마블과도 손을 잡아 유저의 캐릭터를 아이언맨이나 캡틴 아메리카로도 바꿀 수 있는데, 캡틴 아메리카가 BTS의 '다이나마이트' 노래에 맞춰 춤을 추는 장면은 압권이었다. 포트나이트의 콜라보는 끝이 없다. 데드풀, 호라이즌 제로 던, 워킹데드, 배트맨 등 다양한 캐릭터들이 뛰어다니는 모습을 보면 〈레디 플레이어 원〉에서 수많은 게임 속 캐릭터들이 '오아시스' 안에서 전투를 벌이던 장면이 생각난다.

전 세계 유저들이 모이는 공간이니 기업들의 관심도 모이고 돈도 모일 수밖에 없다. 에픽게임즈는 포트나이트를 통해 2018년과 2019년 2년 동안 90억달러를, 2020년에는 51억달러의 매출을 올렸다고 알려졌다. 51억달러면 약 5조 8,000억원 가량의 엄청난 금액으로, 엔씨소프트의 2020년 매출인 2조 4,162억원을 2배나 뛰어넘는다. 포트나이트 단 하나의 게임으로 이룬 성과라는 게 더 대단하다.

그렇다면 사람들이 포트나이트에 열광하는 이유는 무엇 때문일까? 배틀그라운드가 사실에 가깝게 만든 게임이라면 포트나이트는 누가 봐도 허구다. 허구를 넘어 마블 캐릭터들이 뛰어다니는 걸 보면 '아, 이건 그냥 재미로 하는 거구나'라고 생각하게 된다. 게다가 총을 쏘지만 피가 튀지 않고, 캐릭터들은 춤까지 추니 아이들이 하기에도 괜찮은 게임이라는 인식을 줬다.

더 대단한 건 '크로스 플랫폼'이라는 점이다. 서로 다른 플랫폼을 이용하는 사람들과 게임을 함께할 수 있다는 건 당시에는 상상도 하지 못했던 일이다. 예를 들어 플레이스테이션에서 게임을 하는 사람들은 플레이스테이션에서 하는 사람들하고만 함께 게임을 즐길 수 있었고, 닌텐도 스위치는 닌텐도 스위치끼리만 게임을 할 수 있었다. 그런데 에픽게임즈는 엑스박스를 가진 마이크로소프트, 플레이스테이션을 가진 소니 등의 회사들과 제휴를 맺어 어떤 디바이스에서 접속하더라도 플레이어들은 '포트나이트'라는 같은 공간에서 만날 수 있게 만들었다. 엔비디아의 CEO 젠슨 황이 말한 '메타버스의 플랫폼'에 걸맞는 사례로 볼 수 있다.

에픽게임즈의 CEO 팀 스위니는 '포트나이트가 게임인가?'라는 질문에 '그렇다'라고 답하면서도 '앞으로 어떻게 될 것인가?'에 대한 질문에서는 '1년 뒤에 다시 물어봐 달라'라고 답했다. 이 답을 통해 유추해 볼 때 팀 스위니는 포트나이트를 단순한 게임이 아닌 미래에 대한 큰 그림을 그리고 있는 듯하다. 확실한 건 포트나이트는 이미 '메타버스'가 되어 있다는 것이다. 물론 게임 안에서의 결제수단인 V-Bucks를 통해 돈을 버는 건 아직까지 에픽게임즈와 콜라보한 기업들뿐이다. 다만 '포크리 모드'를 통해 동물의 숲처럼 나만의 섬을 만들고 게임의 규칙도 정할 수 있는 서비스도 가지고 있기에 조만간 개인들이 수익을 얻을 수 있는 것도 기대해 볼 만하다.

포트나이트를 제대로 이해하기 위해서는 포트나이트를 만든 '에픽게임즈'와 '팀 스위니'에 대해 알아야 한다. 에픽게임즈를 만든 팀 스위니는 중학생 때부터 게임을 만들었고, 대학생 때 게임

회사를 차린 천재 개발자이자 사업가다. 개발자 출신의 사업가이기 때문에 이 시장에 대한 이해가 누구보다도 깊고 빠르다. 이를 바탕으로 누구나 게임을 잘 만들 수 있게 도와주는 '언리얼 엔진'을 개발해 배포할 수 있었다.

2014년에는 언리얼 엔진 4를 월 19달러에 공개했다가 2015년에는 아예 전면 무료화를 선언했다. 다만 개발자들이 이 엔진을 사용해 게임을 만들 경우 무료 게임은 무료로 사용할 수 있지만, 유료 게임은 로열티를 내야 한다.

국내에서는 리니지 2와 배틀그라운드 등의 게임이 언리얼 엔진으로 만들어졌다. 특히 가상의 캐릭터와 배경을 쉽고 빠르게 만들어 적용할 수 있기 때문에 게임뿐 아니라 영화의 CG에도 많

메타휴먼 크리에이터는 헤어, 의상 그리고 완전히 리깅된 초고품질의 디지털 휴먼을 누구나 제작할 수 있는 클라우드 기반의 프로그램이다.
출처 : 세컨드브레인연구소

이 사용되고 있다. 2020년 넷플릭스로 공개한 영화 〈승리호〉의 CG 대부분은 언리얼 엔진으로 만들어진 성과다. 2021년 4월에는 '메타휴먼 크리에이터'를 무료로 공개했는데, 기존에는 몇 개월 걸리던 초고화질의 디지털 휴먼 작업을 불과 몇 분만에 쉽고 빠르게 만들 수 있게 되었다.

메타버스의 시대에 현실세계를 가상으로 옮기는 프로젝트에 있어, 에픽게임즈와 언리얼 엔진이 큰 이슈가 될 것은 너무 당연해 보인다.

그런데 게임 속에서 '공연'을 펼치는 건 포트나이트에서만 가능한 것은 아니다. 앞서 이야기한 '로블록스' 역시 2020년 11월 13일과 14일 이틀 동안 릴 나스의 새 싱글 앨범 '홀리데이' 발매를 기

'로블록스'도 2020년 '릴 나스'의 새 싱글 앨범 '홀리데이' 발매를 기념하며 4회에 걸쳐 공연을 열었다.

출처 : 릴 나스(Lil Nas X) 유튜브

넘하며 4회에 걸쳐 공연을 열었다. 공연 이후에는 아바타와 헤드폰, 모자, 안경 등 다양한 아이템들의 판매가 이어졌다.

제페토

사이버 세상에서 자신을 대신할 수 있는 아바타를 꾸미고, 다른 사람의 집에 놀러 가며, 함께 미니 게임을 즐길 수 있는 게임은 어떨까?

메타버스를 이야기할 때 빠지지 않고 등장하는 플랫폼이 바로 '제페토'이다. 제페토는 2018년 SNOW에서 출시한 소셜 게임이다. SNOW는 우리의 얼굴을 아기 얼굴로 바꿔주는 필터로 유명한 AR(증강현실) 앱을 만든 회사로, 네이버의 자회사였다가 2020년 3월에 분사해 네이버제트가 됐다.

워낙 뛰어난 필터 기술을 가진 곳이다 보니 제페토에서는 처음 가입한 후 자신의 모습을 촬영하거나 휴대폰에 저장된 사진을 선택하면 즉시 제페토 캐릭터의 모습으로 바꿔준다. 처음 제페토를 접했을 때는 '이걸 뭐 하러 하지?'라는 의문과 1999년 싸이월드 속 나만의 '미니미'를 꾸미는 듯한 느낌이 들었다.

제페토가 인기를 끌기 시작한 건 2019년 자신의 캐릭터와 다

'어른들은 모르는 10대들의 놀이터'라고 불리며, 전 세계적으로 인기를 끌고 있는 제페토 세상

출처 : 제페토 앱

른 친구들의 캐릭터를 만나게 하고, 서로 함께 사진을 찍을 수 있는 기능이 생기면서부터다. 보통 자신의 캐릭터를 꾸미는 거라면 재미는 있겠지만 과금으로 이어지기는 힘들다. 그런데 다른 사람들과 만나게 될 때는 다르다. 다른 친구들은 디즈니 공주 복장에 명품 구찌까지 화려하게 감쌌는데, 나만 혼자서 기본 제공되는 흰 티셔츠를 입고 간다면 아무도 나와 사진을 찍어주지 않을 것이다. 그래서 머리 스타일을 바꾸고, 티셔츠와 바지, 신발을 바꾸며 최대한 멋지게 꾸미고 친구를 만나러 간다. 결국 이때 과금이 이루어지게 된다.

이들이 만나는 곳을 '제페토 월드'라고 하는데, 이는 제페토 안에 있는 수많은 다른 세상으로 한강공원, 구찌 빌라, 쿠키런 킹덤 월드 등 다양한 곳이 준비되어 있다. 코로나19 이슈 때문에 한강 공원에서 자유롭게 데이트를 하지는 못했지만, 제페토 월드 속에서는 벚꽃이 가득한 곳을 걸을 수도 있고 수상택시를 타고 한강을 한 바퀴 돌아볼 수도 있다. 월드에서 만난 친구들하고는 1:1로 문자 대화를 나누거나 음성 기능을 이용해 실제 자신의 목소리로 음성 대화도 나눌 수 있다.

제페토에서 캐릭터에게 움직임을 주려면 제스처·포즈 등의 기능이 필요한데, 이러한 기능은 무료로 주는 것들이 있고 돈을 내고 구매해야 하는 것들도 있다. 그래서 '제대로 한 번 제페토를 해볼까?' 하고 꾸미다 보면 과금의 늪에서 벗어나지 못하게 된다.

제페토에서는 게임 속 화면을 쉽게 찍고 공유할 수 있다. 확대, 화면전환 등 모든 요소들이 소셜에 맞춰져 있다.

출처 : 제페토 앱

제페토 안에서의 화폐 단위는 코인과 젬인데, '코인'은 광고를 보거나 미니 게임 속 미션을 통해 얻을 수 있고, '젬'은 현금으로 구매하거나 데일리 퀘스트, 럭키 스핀, 스크래치를 통해 얻을 수 있다. 따라서 빠르게 뭔가 아이템을 장착하고 싶다면 현금으로 젬을 구매하는 게 더 낫다.

그런데 이렇게 수익성도 있고 메타버스로 주목받고 있으며, 가입자 수가 2억 명이 넘는데도 불구하고 아직까지 제페토를 아는 사람은 많지 않다. 제페토를 만든 우리나라조차 제페토가 인기가 있어서 알려지기보다 메타버스에 대한 관심 속에서 역으로 인기를 얻게 되었다. 왜 그럴까? 그 이유는 10대 이용자가 80% 이상이고, 국내가 아닌 해외 이용자 비중이 90%를 넘기 때문이다. 한마디로 아직까지는 해외 10대들에게 인기가 있는 게임이다.

이쯤에서 눈치가 빠른 사람이라면 10대들이 모이는 곳이고, 해외 이용자가 많다는 현상을 연결해 바로 케이팝K-POP을 떠올릴 것이다. 빅히트와 YG, JYP가 모두 네이버제트의 유상증자에 170억 원 규모로 참여한 이유다(빅히트는 70억 원, YG와 JYP가 각각 50억 원씩을 투자했다).

BTS는 물론 걸그룹 잇지, 블랙핑크, 트와이스 등이 제페토에서 활동하고 있다. 블랙핑크는 제페토 안에서 팬사인회를 진행하며 4,600만 명이 넘는 팬들을 만났다. 만약 팬사인회를 오프라인으로 진행했다면 일단 4,600만 명을 만난다는 것 자체가 말이 안 되는 것이고, 설령 만났다고 해도 멤버들 모두 강행군으로 쓰러졌을 것이다. 제페토에 접속 후 블랙핑크 멘션으로 가면 블랙핑크 멤버들의 의상, 뮤직비디오들이 상영되는 거실을 구경할 수 있다.

물이 들어왔을 때 노를 저어야 하는 건 전 세계적인 진리다. 제페토와 블랙핑크는 제페토 아바타를 활용한 'Ice Cream' 뮤직비디오를 유튜브에 올렸는데, 조회수는 1억을 넘겼다.

제페토에는 수많은 맵과 의상들이 있는데, 이것들을 제페토 직원들이 다 만들 수는 없다. 그렇다면 어떻게 운영되는 걸까? 바

블랙핑크의 3D 제페토 아바타로 꾸며진 'Ice Cream' 뮤직비디오는 1억 뷰를 돌파했다.

출처 : 블랙핑크(BLACKPINK) 유튜브

로 '플랫폼'의 힘, 사용자 참여다.

제페토 스튜디오를 통해 누구나 무료로 액세서리, 양말, 가방, 코트 등 다양한 아이템을 만들 수 있다. 이렇게 만들어진 아이템은 심사를 거쳐 판매되는데, **제페토 내 80% 이상의 아이템이 사용자들이 만든 것으로 알려져 있다.** 누적 창작자 숫자만 해도 6만 명이 넘고, 한 달에 300만원 이상의 수익을 올리는 크리에이터들도 생겨나고 있다.

제페토 빌드잇을 통해서는 '맵'을 만들 수 있다. 누구나 PC나 맥에서 빌드잇 프로그램을 다운받아 심야포차, 2층집 등 다양한 맵을 만들어 심사를 통과하면 배포할 수 있다.

DGB금융지주는 2021년 5월 경영진 회의를 빌드잇을 통해 제

제페토 스튜디오를 통해 누구나 무료로 액세서리, 양말, 가방, 코트 등 다양한 아이템을 만들 수 있다.

출처 : 제페토 스튜디오(studio.zepeto.me/kr)

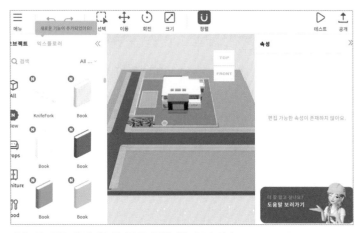

제페토 빌드잇을 이용해 건물, 회의실 등 다양한 맵을 만들 수 있다.

출처 : 제페토 빌드잇(studio.zepeto.me/kr/home/map)

작한 맵에서 진행했다. 경영진의 메타버스에 대한 이해도를 높이기 위한 시도로 보인다. CU는 가상현실 편의점을 오픈하기로 하고 업무협약식을 제페토에서 진행했다. 이외에도 많은 기업들이 제페토와 협업을 준비 중이다. 그렇다면 앞으로 제페토 안에서 활동하는 전문 디자이너, 맵 크리에이터와 같은 직업들이 생겨나지 않을까? 이미 제페토 안에는 시나리오 작가들이 활발하게 활동하고 있다. 유튜브에서 '제페토 상황극'이라고 검색하면 수많은 영상들을 볼 수 있다. 제페토 안의 다양한 동작들을 엮어서 영상으로 만들거나, 캐릭터를 움직여 서로 멘트를 주고받는 것을 영상으로 녹화해 다시 유튜브에 올리는 등 다양한 시나리오들로 만

유튜브에서 '제페토 상황극'이라고 검색하면 다양한 영상이 있는데, 40만 뷰를 넘는 작품들도 있다.

출처 : 유튜브

들어진 영상들이 있다. 게다가 영상들의 조회수는 40~50만을 훌쩍 넘기는 것들도 있다. 이해하기 어렵겠지만 이해해야 하는 세상이 제페토를 넘어 메타버스의 세상에서 펼쳐지고 있는 것이다.

SKT의 메타버스

돈이 보이는 시장에 뛰어드는 건 게임 개발사들만이 아니다. **게임이 끊기지 않고 원활하게 돌아가기 위해 필요한 건 안정적이고 빠른 연결 속도다.** 그래서 SKT, LGT, KT 역시 5G의 시대를 이끌며, VR과 AR 콘텐츠들을 출시하고 있다. 이 중 제일 바쁘게 움직이고 있는 곳은 SKT다.

SKT 역시 제페토처럼 아바타로 만나 대화를 나누거나 회의 진행도 가능한 '점프 밋업'을 서비스하고 있다. 제페토가 대화에 초점을 맞추고 있다면 점프 밋업은 행사 진행에 좀 더 특화되어 있다. 점프 밋업은 2021년 7월부터 'ifland'로 업그레이드해 100명 이상의 유저들이 만날 수 있는 공간으로 거듭나고 있다.

2021년도에는 순천향대학교의 신입생 입학식을 점프 밋업 안에서 열기도 했다. 이를 위해 대운동장을 그대로 점프 맵으로 구현했고, 대형 전광판을 통해 총장님 인사를 비롯한 행사가 진행됐다. 물론 이 행사가 100% 완벽하게 만족을 주었다고 보기는 힘들지만, 메타버스의 활용에 대한 하나의 가능성을 열었다는 점에서는 관심을 가져야 할 것이다.

신입생들을 초대해 점프 밋업 앱 안에서 대학교 입학식을 열고 있다.　　　출처 : SK텔레콤

4

메타버스, 가상세계의 부동산을 거래하다

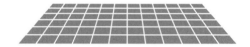

지금까지 살펴본 성공적인 메타버스이자 성공적인 소셜 게임들은 유저들에게 돈을 쓰게 만들거나 돈을 벌게 만들었다. 그런데 아예 이를 뛰어넘는 현실적인 게임은 어떨까?

Earth2

Earth2는 지구를 복제한 가상의 지구에 투자를 하는 게임이다(게

임이라고는 했지만, 아직은 서로 간의 교류가 없기 때문에 게임이라고 보기에는 애매

하다).

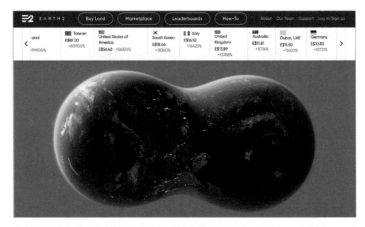

Earth2의 첫 페이지는 둘로 나뉘어진 지구, 메타버스를 상징하고 있다.   출처 : Earth2 홈페이지(earth2.io)

Earth2 홈페이지에서 Buy Land에 들어가면 'Map'이 나오는데,
여기서 강남을 검색해 보자.

Earth2에서는 대한민국의 땅도 거래가 가능하다.   출처 : Earth2 홈페이지(earth2.io)

교보타워로 이동해 확인해 보면 격자 문의로 땅들이 쪼개져 있는 걸 확인할 수 있다. 한 나라의 유저가 구매하면 그 나라의 국기가 달리며, 매입자가 국가를 설정하지 않으면 빨간색으로만 나온다. 이미 우리나라 사람들이 꽤 많은 땅을 확보해 놓은 걸 볼 수 있다. 한 타일에 0.10달러로 시작했으나 선점이 일어나기 시작하면서 금액이 올라갔다. 국가마다 타일의 값은 다르게 측정되는데 2021년 4월 기준으로 한국은 18.46달러, 미국은 56.42달러다. 한국의 수익률만 하더라도 18,360%로 엄청나다. 그런데 여기서 문제는 매매를 통해 내 손안에 현금화가 될 수 있느냐다.

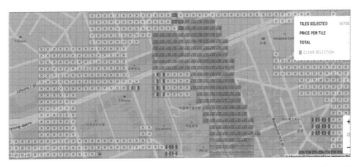

Earth2에서는 이미 강남 일대의 노른자위 땅이 거래가 되었다.   출처 : Earth2 홈페이지(earth2.io)

개발사는 Earth2의 미래에 대해 6단계에 걸쳐 추진하고 있다고 말하는데, 토지 구매, 임대소득(배당소득), 다른 플레이어 추천에 따른 보너스, 자원 수집, 광고 수입, 디지털 자산 건설 등이다. 좀 복잡한 내용이니 여기서는 크게 땅을 사고 건물을 짓는 두 가지 단계로 이해하면 된다. 현재는 1단계로 지구상의 땅을 선점하는 단계인데, 고전 게임인 부루마불을 생각하면 쉽다. 부루마불의 1단계는 모두가 나라를 사는 단계이다. 2단계에 들어서면 건물을 올릴 수 있게 되는데, Earth2도 마찬가지다. 다만, 언제 2단계에 들어갈지에 대해서는 아직 확실하게 나와 있지 않다. 그렇다 보니 가상의 땅을 구입한 후 가격이 오르면 팔면서 단타로 수익을 챙기는 사람들이 생겨나고 있다.

바티칸 중 한 곳을 보면 2020년 11월 8일에 한 유저가 0.17달러에 사서 2021년 1월 15일 200달러에 팔았다. 대한민국 국기가 있는 걸 보니 구입한 사람은 한국 유저인 것 같다. 아래에 달린 글을 보면 4월 23일 500달러에 사겠다는 주문이 올라왔는데 승

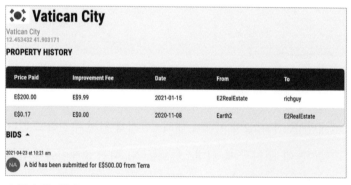

바티칸의 땅을 대한민국 유저가 구입한 것으로 보인다.　　　　출처 : Earth2 홈페이지(earth2.io)

낙하게 되면 처음 구입했던 사람만큼은 아니지만 꽤 많은 수익을 올릴 수 있게 된다. 이러니 Earth2를 제2의 지구, 메타버스라 부르며 투자자들이 몰리고 있는 게 아닐까?

사람들이 현실이 아닌 가상의 부동산에 투자하는 이유는 이미 경험으로 알게 된 두 가지 이유 때문이다. 하나는 비싼 땅을 가지고 있으면 언젠가 돈을 번다는 것이고, 두 번째는 현실에서는 비싼 땅을 소유하는 건 물론 강남의 건물을 사는 것도 어렵다는 것이다. 그래서 가상세계에서라도 좋은 땅을 미리 싸게 사놓는다면 현실세계처럼 가격이 오르지 않을까 하는 기대감에 사람들은 Earth2에서 투자를 하고 있는 것이다. 하지만 현실세계에서는 손으로 만질 수 있는 '땅'이 있지만, 게임에서는 그렇지 않다. 그리고 Earth2의 땅 역시 가치가 있는 것은 그 자리에 실제 건물이 있기 때문이다.

이와 함께 생각해야 할 게 하나 더 있다. 친구들과 열심히 부루마불을 하고 있는데, 어느 날 새로 전학 온 친구가 '모두의 마블'을 가지고 와서 해보니 그게 더 재미있는 것 같다. 이처럼 또 다른 가상현실 부동산을 팔고사는 더 발전한 플랫폼이 나오지 않을까? 그렇다면 현실에서의 에펠탑은 하나지만, 가상게임에서의 에펠탑은 플랫폼마다 하나씩 여러 개가 될 수 있어 처음보다 가치가 떨어질 수 있다는 점을 염두에 두어야 한다.

더샌드박스

Earth2처럼 현실세계를 반영한 구글 지도 위에서 거래되는 게 아니라 아예 새로운 세상을 창조하여 '부동산'을 거래하는 게임이 등장했다.

MCN 샌드박스와는 전혀 다른 곳으로, '더샌드박스The Sandbox'란 이름의 메타버스 게임이다. 2012년 2D 기반으로 출시된 동명의 게임이 원작으로, 심시티나 천지창조처럼 플레이어가 신이 되어 다양한 지형을 만들 수 있는 게임이었다. 그런데 블록체인 이슈와 함께 탈중앙화 플랫폼으로 터닝하여 3D 방식으로 재구성한 게

더샌드박스는 자기의 땅과 물건을 거래할 수 있는 플랫폼으로, 블록체인판 마인크래프트로 불리고 있다.
출처 : 더샌드박스 홈페이지(www.sandbox.game)

임으로 새롭게 등장했다. 블록체인 방식의 마인크래프트라고 생각하면 되며, 더샌드박스에서도 그렇게 자신들을 소개하고 있다.

더샌드박스에서는 3가지를 강조한다. 첫째, 복스에딧 VoxEdit **이다.** 이 도구를 이용하면 누구나 자신만의 캐릭터와 아이템을 쉽게 만들 수 있다.

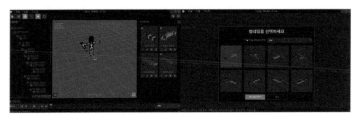

누구나 쉽게 복스에딧으로 자신만의 캐릭터와 아이템을 만들 수 있다.

출처 : 더샌드박스 홈페이지(www.sandbox.game)

둘째, 마켓 플레이스다. 이렇게 만들어진 아이템들은 마켓 플레이스를 통해 판매할 수 있는데, 세상에 단 하나밖에 없는 아이템으로 만들거나 30카피, 40카피 등 한정판으로 공개할 수도 있다. 이런 아이템들은 NFT(대체불가토큰)로 만들어지며, 마켓 플레이스 외에 다양한 NFT 거래소를 통해서도 거래할 수 있다(NFT에 대해서는 Part 3에서 좀 더 자세히 살펴보기로 하자).

아이템의 거래를 위해서는 '샌드'라는 코인이 필요한데, 이는 가상화폐 거래소 '바이낸스'와 '빗썸' 같은 곳에서 구매를 한 후 연

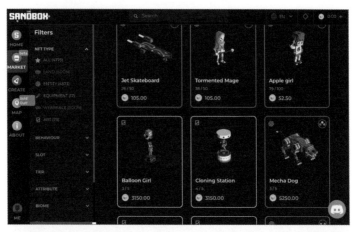

마켓 플레이스에서는 다양한 아이템을 사고팔 수 있다.　출처 : 더샌드박스 홈페이지(www.sandbox.game)

결시켜야만 한다. 참고로 더샌드박스에서 메이지 아이템의 가격은 105샌드인데, 가상화폐 거래소에서 거래되는 금액이 샌드당 514원(2021년 4월 24일 기준)이니 거의 54,000원짜리 아이템이다.

셋째, 랜드(부동산) 거래다. 샌드박스 안에는 총 166,464개의 랜드가 있는데, 랜드들이 모이면 이스테이트 Estate 가 된다. 소유한 랜드는 게임 플레이어들에게 임대해 돈을 벌 수 있다. 2021년에만 2회에 걸쳐 2,352개의 랜드를 판매해 280만달러의 매출을 올렸고, 샌드박스 랜드의 총 가치는 3,700만달러에 달한다고 한다. 국내에서도 관심을 가지고 랜드에 투자한 개인 유저들이 많이 있었고, 해외에서는 니프티게이트웨이, 제미나이, 갤럭시인터렉티

네이버 제페토, 더샌드박스와 손잡고 NFT를 출시하기로 했다.　　　　출처 : 샌드박스 게임 유튜브

브 등 가상화폐와 관련된 대표 업체들이 참여해 굉장히 핫한 블록체인 방식의 게임이라는 걸 보여줬다. 2021년 5월에는 제페토와 파트너십을 체결해 마켓 플레이스에서 970개의 NFT를 판매했다.

디센트럴랜드

더샌드박스의 미래를 보고 싶다면 메타버스 세계에서 가장 유명한 곳 중 하나인 디센트럴랜드Decentraland를 자세히 볼 필요가 있다. **디센트럴랜드를 한마디로 이야기하자면 '세련된 세컨드라이프'라고 할 수 있다.** 사용자들은 랜드 안에서 장사를 할 수도 있

디센트럴랜드는 게임 안에서 땅을 사고 건물을 짓고 장사를 하는 등 경제활동을 할 수 있다.

디센트럴랜드는 PC에 설치할 필요 없이 크롬으로 접속해 웹에서 바로 게임을 실행할 수 있다.

고, 건물을 지을 수도 있고, 그냥 살아가기만 해도 된다. 랜드 안에서 적용되는 화폐는 MANA(마나)인데, 국내에서는 가상화폐 거래소 '업비트'와 '빗썸'에서 거래되고 있다. 메타버스 붐에 힘입어 2021년 1월 115원에 불과했던 금액이 5월 1,600원대까지 폭등하기도 했다. 2017년 ICO를 통해 2,000만달러(240억원)를 모았고, 3년만인 2020년 2월 정식으로 게임을 오픈했다.

디센트럴랜드는 오픈한 지 1년이 넘었지만 아직 국내에서는 잘 알려지지 않았는데, 게임을 하기 위해서는 아이디와 패스워드만 입력하면 되는 게 아니라 '메타마스크'를 통해 가상화폐 지갑을 연동해야 하기 때문이다.

2021년에는 디센트럴랜드 내 카지노에서 일하는 매니저를 현실세계의 '사람'으로 채용했는데, 매니저는 메타버스 안에서 아바타로 근무하고 가상화폐로 급여를 지급받는다고 한다. 고전 게임으로 유명한 '아타리'는 디센트럴랜드 내에서 카지노 설립을 준비 중이다.

이런 흐름을 보면 디센트럴랜드 역시 기업들이 눈독을 들이고 있는 또 하나의 메타버스이며, 고용창출까지 가능한 새로운 세계가 열리고 있다는 걸 짐작할 수 있다.

성공한 소셜 게임들의 특징

지금까지 메타버스 게임에 대해 여러 가지를 알아봤다. 특히 소셜 게임의 경우 언급한 게임들 외에도 무수히 많은 게임들이 있다. 이 중 어떤 것들은 메타버스가 되고, 어떤 것들은 잊혀지게 된다. 물론 '이것이 정답'이라고는 할 수 없지만 지금까지 성공했거나 앞으로 성공할 것으로 보이는 소셜 게임들의 특징은 3가지로 정리해 볼 수 있다.

첫째, 어느 정도의 '목적'이 있어야 한다. 게임에 너무 높은 자유도가 주어지게 되면 사람들은 무엇을 어떻게 해야 할지 모르게 된다. 현실에서도 마찬가지다. 회사는 출퇴근시간이 정해져 있고, 학교는 수업시간이 정해져 있기 때문에 우리는 자유를 꿈꾸면서도 체계적으로 하고 싶은 일들을 하면서 살아간다.

동물의 숲은 자유도가 높은 게임이지만 그냥 자유도만 줬다면 지금처럼 대박은 없었을 것이다. 처음 섬에 정착하면서부터 너구리에게 빚을 지고, 이를 갚기 위해 하나씩의 미션을 해결해 나가면서 다시 게임에 접속해야만 하는 이유를 줬다. 포트나이트 역시 마찬가지다. 처음부터 사람들이 자유롭게 모이는 파티로얄을 기획한 게 아니라 배틀로얄 게임에서 시작해 확장했다.

둘째, 플랫폼의 역할을 해야 한다. 게임 개발사가 만든 배경과

스토리는 있지만, 그 안에 참여하는 플레이어들에게도 마치 게임 개발자가 된 것 같이 새로운 게임을 만들 수 있는 자유로움을 줘야 한다. 로블록스는 로블록스에 접속한 플레이어들이 수많은 게임들을 서로 플레이할 수 있게 만들었다. 포트나이트 역시 플레이어들이 맵을 만들 수 있는 기능을 넣었다.

게임 개발사들이 플랫폼의 역할을 해야 하는 이유는 바로 게임의 새로움을 위해서다. 한 번 플레이한 게임을 처음부터 다시 깨는 건 귀찮은 일이다. 그래서 끝이 정해져 있는 아케이드 게임이나 RPG는 한 번 플레이하고 나면 치트키나 특전을 통해 최대한 능력치를 올려 놓은 후 편하게 게임을 깰 수 있게 한다. 그렇다고 해서 개발사가 매번 새로운 게임을 만드는 건 쉬운 일이 아니다. 하지만 플레이어가 참여하게 되면 달라진다. 게임회사 입장에선 손 안 대고 수많은 파생게임을 얻을 수 있는 장점을 가지게 되는 것이다.

셋째, 참여자도 수익을 볼 수 있는 마켓이다. 게임을 만드는 회사가 캐릭터가 입을 수 있는 스킨도 팔고 아이템도 파는 방식이 1세대 게임이라면, 이제는 게임 참여자들이 함께 수익을 올릴 수 있는 플랫폼의 역할을 하는 곳이 성공하게 된다. 다만 여기서도 나누어지는 게 있다. 바로 플레이어의 참여 유무다. 포트나이트는 아직까지 플레이어가 맵을 만드는 건 가능하지만 직접 스킨을 만드는 창작자가 되어 참여하거나 수익을 올릴 수는 없다. 대신 나이키나 디즈니와 같은 기업들과 콜라보 해서 끊임없이 새로운 아이템을 만들어 낸다. 반면 제페토와 로블록스 같은 게임은 아예 플레이어들이 창작자로 참여해 새로운 아이템을 만들어 수익을 올릴 수 있게 해준다. 이렇게 되면 창작자의 참여도와 충성도는 더 올라갈 수밖에 없다.

물론 굳이 게임 속 아이템과 스킨을 만드는 디자이너로 참여하게 하지 않아도 된다. 과거 리니지 게임 속 화폐인 '아덴'이 아이템베이와 같은 곳에서 현금으로 거래되었듯, 국내에서는 불가능하지만 로블록스는 게임 속 아이템을 팔아서 번 '로벅스'를 해외에서 현금으로 바꿀 수 있다. **만약 우리나라도 게임 머니와 아이템을 '원화'로 바꿀 수 있는 합법적인 시장이 존재하게 된다면 어떨까?** 게임 속 아이템의 가치는 더 올라갈 것이다. 바로 이 지점에서 최근 이슈가 되는 대체불가토큰[NFT]이 연결된다. 이에 대해서는 Part 3에서 자세히 알아보자.

5

VR/AR은
언제 현실이 될까?

지금까지 메타버스와 관련된 소셜 게임들을 살펴봤다. 그런데 '우리의 마음을 사로잡을 수 있는 이것이 진짜 현실 같은 가상세계'라는 걸 느끼기 위해서는 〈레디 플레이어 원〉의 오아시스로 들어갈 수 있어야 할 것 같은데, 아직까지 무엇인가 부족해 보인다.

가상세계가 좀 더 현실화되기 위해서는 4가지 기술에 대한 이해가 필요하다.

가상현실의 세계를
이해하기 위한 4가지 기술

먼저 디바이스다. 2012년 팔머 럭키는 오큘러스VR 헤드셋을 만들겠다며 크라우드 펀딩 사이트를 통해 모금을 했다. 그리고 목표액의 10배에 가까운 240만달러(약 26억 5,000만원)를 모아 개발을 추진했고, 4년이 지난 2016년 첫 번째 VR인 오큘러스 리프트를 출시했다. 이후 HTC의 바이브, 플레이스테이션VR 등 가상현실을 체험할 수 있는 디바이스들이 출시되었다.

문제는 가격이다. HTC 바이브는 85만원 가량이고, 벨브인덱스는 165만원 정도로, 왠만한 VR 기기들은 100만원을 훌쩍 넘는다. 게다가 고사양의 PC를 필요로 하기에 이 둘을 합치게 되면 200만원 가까이 되기도 한다. 가장 최근에 출시된 페이스북의 오큘러스 퀘스트2 256기가는 55만원 정도로 저렴하긴 하지만, 그래도 망설임 없이 구매하기에는 부담이 된다. PC와 연결할 필요없이 단독으로 사용할 수 있는 장점이 있지만, 대중화되기 위해서는 가격이 더 낮아질 필요가 있다.

두 번째는 콘텐츠다. VR과 관련된 게임들이 출시된 지도 벌써 5년이 넘었다. 하지만 매번 느끼는 건 그다지 할 만한 게임이 없다는 점이다. 게임이 없는 이유는 유저가 없기 때문이다. 100만원대의 VR 기기를 사는 사람이 적다 보니 게임을 만들어도 즐길 사람들이 없어 개발사들은 대규모 투자를 하기 어렵다. 이런 악순환은 지금도 반복되고 있다. 이렇다 보니 일반인들이 VR을 제대로 즐길 수 있는 곳은 관련 장비를 모두 갖추어 놓은 VR스테이션과 같은 곳이다. 그리고 이런 시설을 갖추려면 꽤 많은 자본이 필요하다. 대기업 위주로 VR 체험공간이 만들어지는 이유이다.

결국 VR이 활성화되기 위해서는 게임회사와 VR 장비 제작사들이 초기에는 손해를 보더라도 유저들이 구매할 만한 가격으로 장비 가격을 낮추고, 또 기꺼이 돈을 내고 쓸 수 있는 몰입감 있는 게임이 만들어져야 하는데, 이 부분은 아직까지 숙제로 남아 있다.

셋째, 클라우드 서비스이다. 가상현실이 제대로 구현되기 위해서는 빠른 인터넷을 통해 개개인들에게 초고화질의 세상을 실시간으로 전송해야 한다. 그리고 수많은 개인들이 가상현실 세계에 모이기 위해서는 서버가 튼튼해야 한다. 클라우드 서버를 제공하는 대표주자인 아마존 AWS에 주목해야 하는 이유다. AWS의 전 세계 시장점유율은 33%로, 앞서 이야기한 에픽게임즈, 넥슨, 유비소프트, 포켓몬컴퍼니, 캡콤, 게임로프트, 스퀘어에닉스, 세컨드라이프의 린든랩 등이 이미 AWS를 이용하고 있다는 것만으로도 가치를 증명하고 있다.

그렇다면 클라우드는 게임에만 적용되는 걸까? 물론 아니다.

넷플릭스와 같은 OTT서비스, 드롭박스와 같은 클라우드 저장소, 자율주행차에서 필요한 수많은 머신러닝과 연관된 데이터들까지 모든 곳에서 쓰이는 핵심 서비스다. 그렇다 보니 더 크게 성장할 게 분명해 보이는 클라우드 시장에 IT기업들이 미래 먹거리로 사활을 걸고 뛰어드는 건 당연한 일이다. MS는 애저가 있고, 구글과 알리바바 역시 클라우드를 가지고 있다. 국내에서는 네이버가 서비스를 하고 있고, 카카오도 2020년 말 클라우드 사업에 뛰어들었다. 성장하는 시장인 만큼 관련 기업들에 대해 꾸준한 관심을 가질 필요가 있다.

마지막으로 중요한 이슈는 바로 인터넷 속도다. 당연한 말이지만 집에서 혼자 게임을 하던 '콘솔'의 시대에는 인터넷이 필요하지 않았다. 친구와 함께 게임을 즐기기 위해서는 직접 만나야 했기에 집이나 오락실을 찾았다. 하지만 소셜 게임이 발달하며 빠른 연결 속도가 필요해졌다. 집에 아무리 좋은 컴퓨터가 있더라도 인터넷 연결이 느리면 끝장이다. FPS 게임의 경우 극단적으로 내가 총을 한 번 쏠 때 상대방은 이미 연사를 하고 있다면 시작하기도 전에 끝난 게임이 된다. 모바일 게임이 활성화될수록 출퇴근할 때 지하철과 버스에서, 커피숍에서, 집에서, 어디서든 잠깐잠깐 게임을 해야 하는데, '렉'에 걸려 애써 키운 캐릭터가 한 번에 죽고, 애써 모은 비싼 장비까지 드랍하게 된다면 좌절이다.

4차 산업혁명의 시대, 사물 인터넷의 시대, 앞으로 1조 개 이상의 디바이스들이 '연결'되는 세상의 핵심은 5G다. **5G의 3요소인 '끊김 없는 연결'과 '빠른 속도' '대량연결'은 메타버스의 필수요소이기도 하다.**

콘솔게임의 시대를 이끈 PS, XBOX, 스팀 등의 게임들이 각각 통신업체들과 손을 잡고 클라우드 서비스를 제공하는 건 이 때문이다. SKT는 2020년 '엑스박스 올 엑세스'를 출시했다. 마치 스마트폰을 구입한 후 할부로 비용을 지불하듯 월 29,900~39,900원이면 24개월 약정으로 XBOX 게임기를 받고, 이동 중에는 스마트폰으로도 즐길 수 있는 서비스이다. 이 역시 '클라우드'와 '네트워크 서비스'가 이끈 성과다.

여기까지 이해됐다면 인류를 화성으로 이주시키겠다는 꿈을 가진 엘런 머스크의 '스페이스X'에서 추진 중인 프로젝트 '스타링크'가 노리는 것 역시 어렵지 않게 짐작할 수 있다. 스타링크는 12,000개의 인공위성을, 장기적으로는 40,000개의 인공위성을 고도 1,000km 아래에 띄워 지구를 감싸는 프로젝트다. 각각의 인공위성이 커버하는 영역에서는 스타링크 무선 인터넷을 사용할 수 있는데, 그 속도가 국내에서 사용하는 인터넷 속도의 20배가 될 정도로 빠를 것으로 예상되고 있다. 물론 이런 먹거리를 다른 회사들이 지켜만 보고 있을 리 없다. 우주 인터넷 프로젝트는 스페이스X뿐 아니라 중국 역시도 우주 인터넷망 구축에 뛰어들며 경쟁은 더욱 가속화되고 있다.

VR, 다시 관심을 받다

2021년, 상황이 달라졌다. 코로나19 이슈가 터지며, 집에서 가상 현실을 경험할 수 있는 VR에 다시 관심이 모아지기 시작했다. 여기에 페이스북이 출시한 오큘러스 퀘스트2는 글로벌 460만 대, 국내에서도 SKT 정식 버전으로는 1만 대 이상, 해외 직접 구매로도 1만 대 정도를 판매했을 것으로 예상됐다. 즐길 만한 콘텐츠가 있느냐는 일단 나중이겠지만, 퀘스트2를 접한 사람들의 만족도는 높았다.

VR이 주목을 받은 건 게임 때문만은 아니다. 코로나19로 비대면 회의가 늘고 있는 것도 영향을 주었다. 페이스북코리아는 오큘러스 퀘스트2를 쓰고 '스페이셜'을 이용해 비대면 기자간담회를 진행했는데, 반응이 좋았다. 스페이셜은 가상의 공간에서 자신의 아바타를 참여시켜 회의, 브레인스토밍, 프레젠테이션 등을 할 수 있게 하는 가상 협업 서비스다. 오큘러스 퀘스트와 같은 VR 장비가 없더라도 웹사이트에서 자신의 얼굴을 등록해 아바타

스페이셜 앱을 이용하면 VR · AR 장비를 활용해 3차원 가상공간에서 아바타로 회의를 할 수 있다.

출처 : 중앙일보 유튜브

를 만든 후 참여할 수 있고, 스마트폰에서도 가능하다. 물론 더 나은 몰입감을 위해서는 VR 장비가 있어야겠지만 대화를 나누거나 회의를 진행하는 데에는 큰 문제가 없다.

오큘러스 퀘스트2가 있으면 아예 가상의 공간으로 사무실을 옮기는 것도 가능하다. 페이스북에서 최근 공개한 '인피니티 오피스'는 어느 장소에서든 오큘러스 퀘스트2를 쓰고 접속하면 눈앞에 모니터들이 펼쳐지며 바로 일을 시작할 수 있다. 게다가 로지텍 K830 키보드를 연결하면 가상세계에서 물리적인 키보드를 동기화해서 사용할 수 있다.

VR은 '학교 강의'에서도 사용이 가능하다. 2021년 4월 포스텍

메타버스 사무실의 끝판왕은 '인피티니 오피스'다.　　　　　　　　　　**출처 : Oculus 유튜브**

은 신입생 320명 전원에게 1억 4,000만원을 들여 오큘러스 퀘스트2를 나눠줬다(졸업할 때 반납해야 한다). 학생들은 퀘스트2를 쓰고 물리학 실험실습 과목을 테스트했는데, 반응은 꽤 괜찮은 편이었다.

　이제 캠퍼스 없는 대학의 미래도 성큼 다가와 있는 듯하다. 물론 대세가 될 수는 없겠지만 앞서 이야기했던 순천향대학교의 입학식이나 버클리대학교의 졸업식, 포스텍의 VR 수업 등 이런 작은 돌들이 하나둘씩 모이게 된다면 가능한 일 아닐까?

MS, 가상현실 플랫폼
'메시'를 공개하다

2021년 3월, MS에서도 가상현실과 관련된 협업 플랫폼 메시^{Mesh}를 공개했다. 메시는 스파이럴과 비슷하면서도 조금 더 구체화된 모습을 보여준다. 물론 아직은 컨셉이라 그럴 수도 있지만 '오, 이 정도면 정말 가상의 공간에서 함께 일하는 것 같겠는데?'라는 느낌을 줬다. 게다가 협업툴인 MS의 팀즈와도 연동된다.

영상을 보면 이해가 빠른데 서로 다른 공간에 있는 현실세계의 사람들이 같은 가상현실, 그것도 홀로그램을 보면서 이야기를 나누거나 자료를 주고받을 수 있다는 건 정말 마법 같은 일이다.

MS가 공개한 3차원(3D) 디지털 협업 플랫폼 'MS 메시'는 VR·AR 기기를 활용해 다른 지역에 있는 사용자들이 같은 공간에 있는 것처럼 느끼게 만든다.
출처 : Microsoft 유튜브

그런데 문제는 MS의 확장현실 디바이스인 '홀로렌즈2'를 사야 하는데, 가격이 배송비까지 포함하면 550만원 정도이다. 이래서야 아무리 좋은 콘텐츠라도 확산될 수 없다.

MS가 메시를 '플랫폼'이라 한 이유는 메시가 MS의 플랫폼뿐만 아니라 이를 통해 오큘러스, PC용 앱도 개발할 수 있기 때문이다. 다만 현실이 되기에는 꽤 많은 시간이 필요할 것 같다. VR이 희망고문인 이유이기도 하다.

T | P

제페토에서 아바타를 만들어 보자

제페토의 가입자 수는 2억 명이 넘는다. 그리고 그중 90%는 외국인이다. 그런데 메타버스에 대한 관심과 함께 국내 가입자가 계속 늘고 있다. 순수하게 제페토의 세계를 즐긴다기보다 어떤 건지 궁금해서 시작하는 사람들이 많은데, 여기서는 가장 기본적인 기능인 제페토에서 개성 있는 아바타를 만드는 방법을 알아보자.

❶ 제페토 앱을 다운로드 후 회원 가입을 하게 되면 자신의 캐릭터를 선택할 수 있다.

❷ 캐릭터에 옷을 입혀보자. '캐릭터'를 터치하여 머리 모양, 상의, 하의, 신발 등 다양한 의상을 입어보고 마음에 든다면 구매하면 된다. '코인'은 처음에 무료로 지급되며 다양한 미션을 달성하면 역시 무료로 얻을 수 있다. '젬'은 특별한 미션을

달성하거나 유료로 구매해야 한다.

❸ 화면에서 카메라 버튼을 누르면 전면 카메라가 실행되며 아
바타가 자신의 얼굴 표정을 따라하게 만들 수 있다.

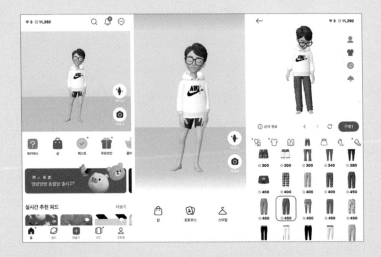

❹ 어울리는 옷을 고르기 어렵다면 미리 셋팅되어 있는 '스타일'
을 참고하자. 'Top 50'에서는 가장 잘 나가는 스타일을 확인
할 수 있고, 미리 입어보는 것도 가능하다.

❺ 구찌나 디즈니 등 콜라보레이션 샵을 들어가고 싶을 때는 '샵'
을 누르면 된다. 다양한 콜라보 상품을 미리 확인한 후 입어

볼 수 있다. 아이템은 다른 친구들에게 선물할 수도 있다. 친구나 아이들에게 선물해 인싸가 되어보자.

❻ 나에게 맞는 옷을 입었다면 이제는 사진을 찍을 차례다. '포토부스'를 실행해 보자. 포토부스에서는 다양한 포즈를 취해 사진을 찍을 수 있다. 친구 추가를 한 사람들이 있다면 그 사람의 캐릭터를 불러와 같이 영상을 만들 수 있고 외부에 내보내기도 가능하다.

❼ 혼자 노는 건 여기까지다. 이제 다른 사람들을 만나기 위해 '월드'로 떠나보자. 하단의 '월드' 맵을 누르면 다양한 맵에 들어가 활동을 할 수 있다. '월드 필수 공식맵 Top 7!'에서 '한강공원'을 들어가 보자.

월드 내에서는 손가락으로 움직여 캐릭터를 돌아다니게 할
수 있고 원하는 곳을 터치해 의자에 앉거나 벤치에 누워 자게
할 수도 있다. 배낭 모양 포즈를 누르면 다양한 제스처와 포
즈를 취할 수 있고, 사진 캡처나 영상 녹화로 이 장면을 저장
할 수도 있다. 다양한 방법으로 활용해 보자.

PART 3

메타버스,
NFT로 현실이 되다

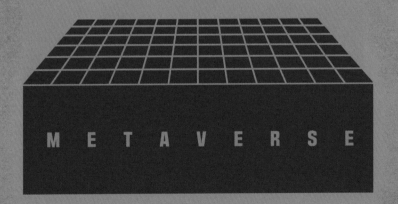

1

—

대체불가토큰
NFT

출처 : 니프티게이트웨이(niftygateway.com)

이 그림을 보면 어떤 생각이 드는가? 음, 뭔가 좀 사이키델릭하고, 멋져 보이기도 하고, 어벤져스와 같은 영화도 생각나고, 게임의 한 장면처럼 보이기도 한다. 포토샵 기술이 대단하다고 생각할 수도 있다.

축하한다. 여러분은 지금 65억원짜리 그림을 무료로 보고 있다. 이 그림은 앨런 머스크의 여자친구로 더 유명해진 아티스트 그라임스의 작품 '워 님프 War Nymph'이다. 그림과 음악을 더한 디지털 퓨전 작품 10점이 경매를 통해 580만달러(약 65억원)에 팔렸는데, 그라임스는 이 아기 천사가 '신 창세기의 여신'이라고 설명했다. 설명을 듣고 나니 그림이 다르게 보인다. 의미도 알았고, 일단 비싸다는 것을 알았기에 더욱 다르게 보인다.

그런데 문제는 65억원에 작품을 사긴 했는데 작품을 보내주지는 않는다. 이 그림은 오프라인에서는 만날 수 없는 '디지털 작품'이기 때문이다. 그라임스의 또 다른 작품 'Newborn'은 하나의 작품을 100개로 쪼개어 각각의 작품에 대해 경매가 붙여졌다. 따라서 원본 작품이 하나가 아니라 100개가 있는 것과 같다. 생각하면 할수록 복잡하다. 구매한 사람이 누구라는 걸 모두가 알 수 있고, 위조·변조할 수 없게 NFT(대체불가토큰)에 기록해 주는 게 왜 이렇게 인기를 얻게 된 걸까?

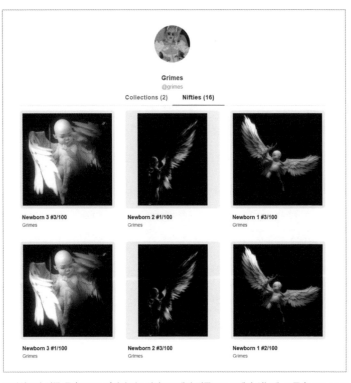

그라임스의 작품 중 'Newborn'시리즈는 각각 100개의 작품으로 쪼개져 있는데, 그중 'Newborn 2 #84/100'는 250만달러에 판매하고 있다.　　　　　출처 : 니프티게이트웨이(niftygateway.com)

대체불가토큰이란 무엇일까?

대체불가토큰 Non-Fungible Token, NFT **이란 말 그대로 세상에 하나밖에 없는, 다른 것으로 대체할 수 없는 코인을 말한다.** 세상에 하나밖에 없다는 것은 일단 복제가 불가능해야 하기 때문에 우리가 떠올릴 수 있는 건 쉽게 복사할 수 없는 시스템, 즉 블록체인 기술을 사용하는 것이다.

그런데 블록체인을 활용한 토큰(코인)들은 모두 대체불가능한 것이 아니었던가? 그렇지 않다. 예를 들어 시중에 있는 500원짜리 동전은 하나만 있는 게 아니라 해마다 수천수만 개의 똑같은 동전이 만들어져서 유통된다. 동전 하나는 다른 동전으로 대체할 수 있는 것이다. 이렇기에 어제 누군가에게 500원을 빌렸다면 오늘 그 사람에게 갚을 때에는 어제와 같은 동전이 아니라 다른 동전으로 갚아도 된다. 다른 동전이라고 해서 500원의 가치가 사라지는 건 아니기 때문이다. 반면 여행을 가서 렌트카를 빌렸다고 가정해 보자. 내일 돌려줘야 하는 차량은 어제 빌린 바로 그 차량으로 돌려줘야지, 비슷한 다른 차로 반납해서는 안 된다. 이게 NFT다.

NFT는 하나의 코인에 고유값이 매겨지기에 다른 코인과 명백하게 구분된다. **비트코인이 블록체인 기술로 해킹이 불가능한 장점을 가지고 있다면, NFT는 여기서 더 나아가 이 세상에 하나밖에 없는 '희소성'을 지니는 게 가장 큰 장점이다.**

그런데 어떤 방식으로 내가 소유주인지를 등록할 수 있는 걸까? 여기에서 '이더리움'의 '스마트 컨트랙트'를 이해할 필요가 있다.

이더리움과
스마트 컨트랙트

이더리움은 비탈릭 부테린이 만든 가상화폐다. 비트코인보다 더 빠른 속도, 블록체인 위에 코딩을 해서 다른 앱을 만들 수 있는 자율성, 스마트 컨트랙트(스마트 계약)를 특징으로 가지고 있다. 이 중 **스마트 컨트랙트란 특정한 조건을 정해놓고, 그 조건이 충족되면 자동으로 계약이 이루어지도록 설계해 놓은 것을 말한다.** 예를 들어 물건을 산다고 가정했을 때 '상대방이 돈을 입금하면 자동으로 물건이 발송되게 함'이란 식으로 설계를 하거나, '돈을 입금하면 구매자의 소유로 변경' 등으로 설계할 수 있다. 따라서 돈 거래나 부동산 매매, 임대 등 굉장히 다양한 분야에서 쓰일 수 있다.

이 방식으로 계약을 진행할 때의 장점은 위조와 변조가 어렵고, 중간에서 중개해 주는 사람이 없어도 되며, 투명한 계약이기에 다른 누구라도 검증할 수 있다는 점이다. 여기까지만 들으면 '우와 대단하구나. 정말 탈중앙화가 가능해지겠는데?'라고 생각할 수 있지만, 좋은 점만 가득한 건 아니다.

스마트 컨트랙트는 '계약'이라고 말하지만 이미 서로 합의된 내용들에 대해 확정으로 연결지어 주는 코드이자 프로그램이기 때문에 '계약'이라고 정의하기에는 애매한 점이 있다. 이에 대해서는 이미 이더리움에서도 '하나의 코드 또는 단순한 컴퓨터 프로그램'으로 정의하고 있으며, '컨트랙트'가 법적인 의미를 가지는 건 아니라고 말하고 있다. 비탈릭 부테린 역시 트위터를 통해 '스마트 컨트랙트'가 아닌 '지속가능한 스크립트'란 용어를 쓰는 게 나을 거라고 말하기도 했다.

스마트 컨트랙트의 가장 큰 단점은 '되돌릴 수 없음'이다. 한 번 배포되고 나면 코드를 수정할 수 없기 때문에 처음에 지정한 조건을 바꿀 수 없다는 것이다. 그럴리야 없겠지만 금액을 잘못 송금했거나 제품에 문제가 있더라도 이미 계약을 실행했다면 되돌릴 수 없다는 건 큰 문제가 될 수 있다.

어쨌든 여기서 우리가 알고 가야 하는 핵심은 NFT의 등장은 이더리움 덕분이고, 그래서 NFT 거래에는 주로 '이더리움'이 쓰인다는 점이다.

2

희소성을 갖는
디지털 자산, NFT

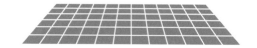

말도 안 되는 10억짜리 고양이

세상에서 제일 비싼 고양이는 고양이와 아프리카 살쾡이를 교배시켜 태어난 '사바나 고양이'로, 가장 비싼 녀석이 3,000만원을 넘는다고 한다. 그런데 만질 수도 없는데 비싼 고양이들이 있다.

무지개를 쏘며 하늘을 나는 고양이 '냥캣', 이 녀석의 가격은 5억 5,000만원(300이더 - 이더리움의 가격은 항상 변하기에 가격은 달라질 수 있다)이었다. 놀랍지 않은가?

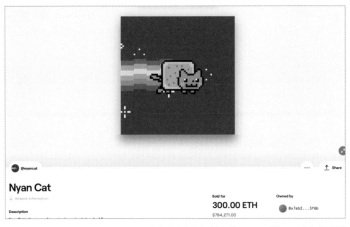

@nyancat

Nyan Cat

Artwork Information

Sold for
300.00 ETH
$764,271.00

Owned by
0x7eb2...3f6b

Description

팝 타르트 몸통으로 우주를 날아다니는 고양이 애니메이션 밈 '냥캣(Nyan Cat)'은 300이더리움에 팔리며 사람들을 놀라게 했다.　　　　　　　　　　　　　　　　출처 : foundation 앱.

　게다가 이 고양이는 이번에 새로 만들어진 게 아니라 2011년에 만들어진 녀석이다. 탄생 10주년을 기념하기 위해 블록체인 기술을 적용해 NFT로 '리마스터링 원본'을 만들어 경매에 올렸는데, 대박이 난 것이다. 그런데 이건 움직이는 gif 파일이기라도 하지, 움직이지도 않는 고양이가 10억이라면? 바로 크립토키티의 고양이 '드래곤 키티'다. 가격은 600이더였는데, 2018년 당시 블록체인과 가상화폐에 관한 책을 쓰면서 확인했던 가격은 17만달러(약 1억 9,000만원)였다. 그 당시에도 이해가 안 되는 가격이었는데, 불과 3년밖에 흐르지 않은 지금 이더리움의 가격이 10배 이상 폭등하며 그 가치 또한 급등했다.

크립토키티의 '드래곤 키티'의 가격은 600이더리움으로 거래되고 있다.   출처 : cryptokitties

크립토키티는 2017년 대퍼랩스(엑시엄젠의 자회사)에서 개발한 게임으로, '세상에 하나밖에 없는' '한정판'이라는 키워드 속에서 만들어졌다. 유저들이 대체불가한[NF] 속성의 고양이들을 교배해 나만의 희귀한 고양이를 만드는 게임으로, 최초로 만들어진 고양이는 Gen 0이라는 분류값을 가진다. Gen 0끼리 교배를 시키게 되면 Gen 1이 되고 다시 Gen 1끼리는 교배할 수 있다. 이렇게 교배를 시키기도 하고, 암컷의 경우에는 새끼를 낳기도 하며, 새로운 고양이를 만들어 가는 게임이다. 하지만 아무리 세상에 하나밖에 없는 고양이라고 해서 드래곤 키티가 600이더리움이 되어야 할 이유는 특별히 없다. '돈세탁의 의미로 누군가가 넣어놓은 게 아니냐'라는 이야기가 나오는 건 이 때문이다.

엄청난 규모의 NFT 시장

다시 그림으로 돌아와 보자. 앞서 이야기한 그라임스의 '워 님프' 외에도 최근 많은 관심을 받으며 엄청난 가격에 거래된 NFT들이 있다. 디지털 아티스트 비플 Beeple 의 'Everydays - The First 5000

비플(Beeple)이라는 예명으로 활동하는 디지털 아티스트 마이크 윈켈만의 'Everydays — The First 5000 Days'는 지금까지 NFT로 팔린 작품 중 최고가라고 한다.   **출처 : 크리스티**

Days'라는 작품은 2021년 3월 11일 크리스티 경매에서 6,930만달러(약 785억원)에 낙찰되었다.

이 그림 역시 실제 그림이 아닌 NFT로 거래가 되었는데, 아무리 2007년 5월 1일부터 5,000일 동안 하루도 빠짐없이 그린 그림이라고 하지만 785억원이라는 금액은 정말 믿을 수 없는 숫자다.

또 비플의 디지털 아트 'Crossroad'라는 작품은 NFT 거래소 니프티게이트웨이에서 660만달러(약 73억원)에 낙찰되었다. 이외에도 비플의 작품들은 지금도 개당 7만달러 정도에 팔리고 있다. 대단하지 않은가?

'Crossroad'는 길가에 쓰러져 있는 거대한 트럼프를 배경으로 무심하게 걸어가는 사람들의 모습을 담은 10초짜리 영상으로, 이 작품 역시 73억원에 거래되었다.　　출처 : 니프티게이트웨이

놀랍기는 하지만 그래도 이 그림들은 아티스트들이 노력을 기울인 그림이니까 어느 정도 이해해 줄 수 있다. 하지만 트위터를 만든 잭 도시가 쓴 첫 번째 트윗이 1,630.58이더리움(약 291만달러, 한화 33억원)에 팔린 건 도무지 이해하기 어렵다. 잭 도시는 이 금액을 비트코인(50.8751669비트코인)으로 바꿔 아프리카에 기부했다고 트위터에 올렸다.

트위터를 만든 잭 도시가 쓴 첫 번째 트윗은 1,630.58이더리움에 경매에서 낙찰되었다.
출처 : Valuables 홈페이지(v.cent.co/tweet/20)

이처럼 NFT는 예술작품뿐만 아니라 글(트윗)도 가능하고 신문 칼럼도 가능하고, 영상과 음성으로도 만들 수 있다. 뉴욕타임즈는 '블록체인으로 이 칼럼을 구매하세요'란 제목의 칼럼을 NFT로 만들어 올렸는데, 놀랍게도 350이더리움(56만달러, 한화 6억원)에 팔렸다.

뉴욕타임즈의 칼럼니스트로 활동하는 케빈 루스가 쓴 '블록체인으로 이 칼럼을 구매하세요'란 칼럼은 6억원에 판매되었으며, 판매수익은 NYT의 자선기금에 기부될 예정이라고 한다. 출처 : NYT(nytimes.com)

NFT에 대한 몇 가지 궁금증

여기까지 읽게 되면 이런 생각으로 이어지게 된다.

'뭔지 잘 모르겠지만 NFT라는 것에 돈이 몰리고 있구나.'

'크립토키티 같은 고양이들이 알 수 없는 곳에서 거래되는 것이 아니라 모두가 아는 시장에서 거래가 되고 있구나.'

'그렇다면 누구나 자신의 작품을 만들어 올릴 수 있는 건가?'

'그런데 이걸 누가 사는 걸까?'

'희소성 있는 '카드'들도 팔리지 않을까?'

'디지털이 대세가 된다면 아날로그 작품들은 어떻게 될까?'

이 질문들 중 마지막 두 가지에 대해 하나씩 알아보자.

우선 디지털 작품이 대세가 된다면 아날로그 작품들은 어떻게 되는지 알아보자. 얼굴 없는 아티스트로 유명한 '뱅크시'란 사람이 있다. 아티스트들에게는 자신만의 세계가 있다고 하지만, 뱅크시는 좀 더 독특하다. 소를 사냥하고 쇼핑하는 원시인이 그려진 돌조각('원시인 마켓에 가다')을 대영박물관에 몰래 전시해 놓기도 하고, 미국 자연사박물관에는 미사일을 장착한 딱정벌레 그림을 몰래 전시하기도 했다. 워낙 인기 있는 아티스트이다 보니 뱅크시가 건물의 벽에 그래피티를 그리면 건물주는 비싼 돈을 주고 팔았다. 2018년에는 '풍선을 든 소녀'라는 자신의 그림이 100만유로에 낙찰되자 분쇄기로 그림을 분쇄해 버리고 도망가기도 했다. 이 정도면 싸이코라 불러도 틀리지 않을 것 같다.

그런 그의 작품이 2021년 NFT로 재탄생했다. 2006년 제작한 'Morons(바보들)'란 작품이었는데, 뱅크시답게 작품에는 'I CAN'T BELIEVE YOU MORONS ACTUALLY BUY THIS SHIT(이런 쓰레기를 사는 바보들이 있다는 것이 믿기지 않아)'란 냉소적인 구절이 적혀 있었다. 블록체인 기업 인젝티브 프로토콜은 이 작품을 10만달러(약 1.1억원)에 구입한 후 NFT로 발행했다. 그런데 아날로그 원본 그림이 있는데, NFT로 된 디지털 원본이 또 있다면 원본이 두 개가 있는 셈이 된다. NFT의 의미는 대체불가인데 아날로그 원본이 있다면 NFT화된 그림은 현실세계의 복제품이 되는 것이어서 가치를 인정받지 못하게 된다. 그래서 인젠티브 프로토콜은 이 부분을 증명하기 위해 원본 'Morons'를 불에 태워버린다. 10만달러가 사라지는 데는 채 6분이 걸리지 않았다.

그림이 불타 없어지자 결국 NFT만이 원본이 됐다. 해당 NFT 작품은 'Original Banksy Morons'란 이름으로 228이더(당시 가격 38만달러, 4억원)에 낙찰되었다.

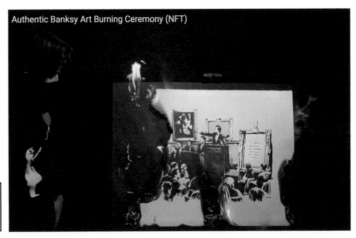

Authentic Banksy Art Burning Ceremony (NFT)

대체불가한 원본임을 증명하기 위해 10만달러짜리 뱅크시의 오리지널 작품을 불에 태우고 있다.

오리지널 작품이 사라지면서 세상에 단 하나밖에 없는 유일한 원본이 된 NFT 작품은 4억원에 낙찰되었다.

출처 : 오픈씨(opensea.io)

그림 외에 희소성 있는 카드들도 팔리지 않을까? 맞다. '희소성' 하면 빠질 수 없는 것이 바로 수집욕을 자극하는 '카드'들이다. 오프라인 문구점에서 유희왕이나 포켓몬스터 카드를 구매해 봤거나 아이들에게 사준 경험이 있다면 이해하기 쉬운데, 보통 1,000원을 내고 한 팩을 사면 5개 카드가 무작위로 들어있다. 포장지를 찢었을 때 안에 들어있는 카드가 얼마나 좋은 게 들어있느냐는 운에 의해 결정되기에 두근거리며 봉투를 까는 맛이 있다. 이때 희소성이 있는 귀한 카드가 나왔다면 다른 사람에게 팔기도 하고, 친구들과 바꾸기도 한다.

미국에서 가장 많은 관심을 받는 카드는 NBA 카드이다. 이미 2020년 8월 미국농구선수협회 NBPA는 NBA 경기장면을 NFT화한 'NBA 탑샷'을 출시했다. 종이카드는 구겨지기 쉽고, 물이 묻거나 불에 타는 순간 가치가 떨어지지만 디지털 카드는 다르다. 게다가 '디지털'이기에 고정된 사진이 아니라 움직이는 영상도 넣을 수 있고, 가지고 있는 경우 다른 디지털 서비스들과의 연계도 생각해 볼 수 있다.

최고의 NBA 선수 중 한 명으로 꼽히는 르브론 제임스 LEBRON JAMES의 덩크슛 카드는 2021년 2월 23일 무려 208,000달러(2억 3,000만원)에 거래됐다.

미국농구선수협회(NBPA)는 NBA 경기장면을 NFT로 만들어 'NBA 탑샷'을 출시했는데, 이 카드들은 대부분 20만달러를 넘는다. 　　　　　　　　　　　　　　출처 : www.nbatopshot.com

이런 창의적인 생각을 누가 했을까? 바로 크립토키티를 만든 '대퍼랩스'에서 추진한 성과다. 시장에서 가장 중요한 포인트는 이 카드를 다시 팔 수 있느냐, 그러니까 이 카드를 수집하려는 사람들이 정말로 있느냐일텐데, 활성 사용자 수는 35만 명이 넘고 구매한 사용자는 10만 명에 이른다고 한다. 게다가 매일 200만달러 이상의 거래가 일어난다고 하니 이 정도면 하나의 플랫폼으로 제대로 자리잡았다고 볼 수 있다. 2021년 3월 말에는 3억 500만 달러의 투자를 유치했는데, 여기에는 NBA의 영원한 전설 마이클 조던과 현역 NBA 선수들인 케빈 듀런트, 클레이 톰슨 등이 투자자로 참여했다.

소레어Sorare는 소레어마켓을 통해 AC밀란 선수들의 NFT 카드를 레어·슈퍼레어·유니크 세 가지로 만들어 판매를 하고 있다. 호날두의 카드는 29만달러(약 3억 2,700만원)에 판매되며, 스포츠 선수들의 NFT 카드가 시장성이 있다는 걸 입증했다.

그렇다면 우리나라는 어떨까? 한국프로야구선수협회와 프로축구연맹이 블루베리NFT와 계약을 체결해 NFT 사업을 준비 중에 있다. 메타버스에서의 프로야구 게임도 추진 중이라고 하는데, 별도의 메타버스를 구축하는 것보다 게임회사들과 손을 잡고 수집한 카드를 게임에 활용할 수 있게 만드는 것도 생각해 볼 수 있다.

이세돌 9단과 알파고의 시합 장면도 NFT로 경매에 올라와 60이더(2억 5,000만원)에 낙찰되었다.

기억할 만한 의미있는 순간을 NFT로 만드는 것도 가능하다. 인간지능과 인공지능의 싸움이었던 2016년 알파고와 이세돌 9단의 시합 장면 역시 NFT로 경매에 올라왔다. 이세돌 9단은 경매에 앞서 낙찰자와 함께 바둑을 두고 싶다고 했는데, 2001년 5월 한 사업가에게 60이더(약 2억 5,000만원)에 낙찰되었다.

NFT 거래소에 주목하라

지금까지 흐름을 따라오다 보면 NFT 거래소는 각각의 특징에 따라 아티스트들의 작품이 거래되는 곳이 있고, 게임 아이템이 올라오는 곳도 있으며, NBA 탑샷처럼 아예 특화된 자체 상품만을 파는 곳도 있다.

가상화폐 거래소에 관한 정보를 제공하는 CRYPTO WISSER에서는 30여 곳의 NFT 거래소를 정리해 놨는데, 이 중 가장 활발하게 거래가 이루어지고 있는 3곳을 살펴보자.

1 | 오픈씨 Opensea

누군가 NFT로 작품을 만들었다는 이야기가 나오면 가장 많이 링크되는 거래소가 오픈씨다. 오픈씨는 예술품뿐만 아니라 도메인, 게임 아이템, 게임 내 부동산까지 다양한 NFT를 사고파는 복합장터다.

게다가 특별한 심사 없이 누구나 쉽게 자신의 작품을 올리고 (이를 민팅 Minting 이라고 한다) 팔 수 있기 때문에 많은 사람들이 이용하고 있다. 2021년 3월 2,300만달러(약 260억원) 투자를 유치한 건 이런 장점 때문이다.

다만, 신용카드로는 거래할 수 없고 이더리움 등의 가상화폐

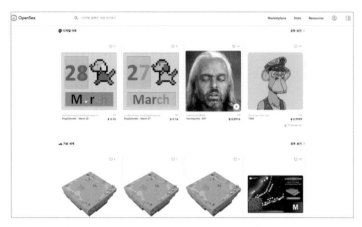

오픈씨는 세계 최초이자 최대 NFT 거래소로, 미술품, 도메인 이름, 트레이딩 카드 등 대부분의 디지털 자산을 거래하고 있다.　　　　　　　　　　　출처 : 오픈씨(opensea.io/?locale=ko)

로만 가능하다. 최근 카카오의 블록체인 계열사 클레이튼과 손을 잡아 클레이튼의 가상화폐 클레이로 구매가 가능하고, 구매한 작품을 카카오 '클립'에도 담을 수 있는 등 다양한 방법이 적용될 예정이어서 더 관심을 가질 만하다. 한국어도 일부 지원되고 있어서 NFT 거래소를 처음 접하는 사람들이 시작하기 좋은 곳이다.

2 | 니프티게이트웨이 Nifty Gateway

니프트게이트웨이는 2019년 윙클보스 형제가 인수한 거래소다.

이들은 주커버그가 자신들의 아이디어를 도용해 페이스북을 만들었다며 소송을 걸어 승소해 페이스북의 주식을 받았다. 이후 페이스북이 IPO에 성공하며 주식의 가치는 3,253억원으로 급등했다. 2013년 이 돈의 일부를 비트코인에 투자해 큰돈을 벌었고, 2015년에는 가상화폐 거래소 '제미나이'를 오픈했다. 이런 배경을 가지고 있다 보니 이들 형제는 가상화폐 쪽에서 상당한 영향력을 가지고 있는 인물들이다. 2019년 니프티게이트웨이를 인수한 후 2020년에 2.0 업데이트를 통해 '신용카드'로도 NFT를 구매할 수 있도록 했다. 덕분에 가상화폐에 익숙하지 않은 투자자들까지

니프티게이트웨이에서는 신용카드로 NFT를 구매할 수 있고, 까다로운 심사를 통해 유명 아티스트들의 작품들을 많이 유치하고 있다.　　　　　　　　　　　출처 : 니프티게이트웨이(niftygateway.com)

NFT에 끌어들이는데 성공했다.

사이트를 둘러보면 다른 곳들에 비해 꽤 고급스럽다는 느낌을 받는데, 이곳에 작품을 등록하기 위해서는 까다로운 심사를 통과해야 한다. 구매는 편리하게 하고, 작품은 까다롭게 검증하다 보니 유명 아티스트들의 작품들을 쉽게 유치할 수 있었고, 유명한 다른 회사들과 제휴를 맺을 수 있었다. 대표적으로 그라임스와 비플의 작품이 여기에서 거래되었다.

3 | 슈퍼레어 Super rare

슈퍼레어는 2018년 4월에 설립되었다. 심사를 통과해야만 작품을 등록할 수 있고, 유명한 아티스트를 직접 선별하여 퀄리티를 관리하고 있다.

작품을 올릴 때 15%의 비싼 수수료를 내야 하지만, 2차 판매가 될 때 10%의 로열티를 받을 수 있어 능력 있는 아티스트라면 선호할 만한 곳이다. 아티스트들은 첫해 월 평균 약 8,000달러의 매출을 올렸고, 최근에는 2,500만달러를 수익으로 만들고 있다고 슈퍼레어 측에서는 말하고 있다. 슈퍼레어 역시 가상화폐로만 거래가 가능하다.

2021년 3월에는 900만달러(약 100억원) 규모의 펀딩을 성공시켰는데, 삼성의 글로벌 투자회사인 삼성넥스트가 슈퍼레어에 투자했다.

지금까지 살펴본 NFT는 뭔가 말이 되는 것 같기도 하고 아닌 것 같기도 하다. 그렇다면 이제 NFT가 말이 되는 이유, NFT 시장이 잘될 거라는 믿음의 근거들을 알아보자.

3

NFT의 믿음에
대한 근거

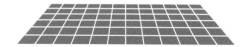

디지털의 세상, 무엇이 진짜이고 무엇이 가짜인가? NFT에 대한 믿음은 어디에서부터 온 걸까? 이에 대해서는 3가지로 생각해 볼 수 있다. **바로 '현실과 가상세계의 경계 붕괴' '모나리자 이론' 그리고 '대체불가증명'이다.**

첫째, 현실과 가상세계의 경계 붕괴

코로나19로 인해 현실과 가상세계의 경계가 빠르게 무너졌다.
2009년 아이폰의 등장으로 모바일 혁명이 일어나며, 우리는 이미 현실과 가상세계의 중간을 걷고 있다. 지금 이 책을 읽고 있는 순간에도 여러분은 아날로그 현실에 있지만, 책상 위의 스마트폰은 세상과 연결되어 있다. 카카오톡 속에, 페이스북 속에 또 다른 내가 있는 것이다.

이 경계선이 더욱 희미해진 건 코로나19 때문이다. 코로나19로 인해 집에 있는 시간이 길어지면서 사람들은 스마트폰과 컴퓨터에 더 많이 의존했다. 아니 더 정확하게는 인터넷으로 연결된 사이버 세상에 의존했다고 봐야 할 것이다. 많은 것이 단절되고 고립된 것 같았지만 SNS를 통해 수많은 사람들을 만났고, OTT를 통해 영화와 드라마를 보며 대리만족을 할 수 있었다. 식료품과 생필품을 구매할 때는 쿠팡 등 온라인 마켓에서 구매를 하고, 배달의 민족을 통해 음식을 배달시켜 먹었다. 지속적인 주문과 구매가 이루어지지만 실제 현금은 오가지 않는다. SNS를 통해 사람들을 만나지만 서로의 얼굴을 보지는 않는다. 페이스북, 카카오톡의 프로필과 아바타로만 만나다 보니 지금 SNS에서 안부를 전하는 사람들이 인공지능이라 해도 모를 정도다.

사람들과의 관계는 인스타그램을 통해, 유튜브를 통해 보여지는 모습들이 진짜인지 거짓인지 혼란스럽기만 하다. 아니 굳이 혼란스러움에서 벗어날 필요도 없다. 각자 자신이 믿으면 그게 현실이 되는 세상이기 때문이다.

NFT로 재화를 사는 것 역시 마찬가지다. 실제 만질 수는 없지만 온라인 상에서 '내 것'이라는 걸 느끼는 것만으로 충분하다. 어차피 실물이 있어도 SNS에 올려야 다른 사람들이 알아주지 않겠는가?

세계 최초의 블록체인 방식의 드레스 'Iridescence'는 9,500달러(1,080만원)에 팔렸다. 그런데 이 드레스는 실물이 아니다. 디지털로 구매자가 사진을 보내면 그 옷을 입은 것처럼 만들어 준다. 세상에 없는 단 하나의 옷, NFT가 의미 있게 느껴지는 이유다.

네덜란드의 신생기업 The Fabricant이 만든 디지털 드레스 Iridescence는 NFT 소유자가 구매 후 20일 안에 본인이 원하는 어떤 플랫폼의 이미지에도 이 의상을 맞춤 제작한 이미지로 받을 수 있다.

출처 : The Fabricant 홈페이지

둘째, 모나리자 이론

모나리자의 현재가치는 44조원 정도라고 한다. 직접 루브르박물관에 가서 본 사람들이라면 알겠지만 이 정도 가치의 보물을 가까이에서 보는 건 불가능하다. 삼엄한 경비 속에서 아주 멀리 떨어져 겨우 흔들리지 않는 사진이라도 찍을 수 있으면 다행이다.

하지만 우리는 지금 이 책에서 44조원의 그림을 편하게 보고 있다. 심지어 길거리 미용실 광고에서도 볼 수 있고, 만원만 내면 온라인 쇼핑몰에서 주문해 액자 형태로 내일 받아볼 수도 있다.

게다가 구글에서 만든 아트&컬쳐를 이용하면 집에서도 VR로 루브르박물관을 실제처럼 볼 수 있는데, 왜 굳이 비싼 항공료와 더 귀한 시간을 낭비해 가며 모나리자를 보러 가는 걸까? 그건 **세상에 단 하나밖에 없는 '진짜' 모나리자 그림이 그곳에만 있기 때문이다. 필자는 이를 '모나리**

레오나르도 다빈치의 '모나리자'   출처 : 루브르박물관

자 이론'이라고 말한다. 즉, 아무리 가짜들이 많아도 진짜는 하나뿐인 것이다.

NFT가 주목받는 이유를 여기에서 찾을 수 있다. 지금도 아티스트가 그린 진짜 '원본' 디지털 파일이 있는데도 불구하고 수천 수만 개의 복사본이 돌아다닌다. NFT로 소유권을 인정받았다고 해도 카피본이 돌아다니는 것을 막을 수는 없다. 하지만 진짜 디지털 원본이 어딘가에 전시되어 있다면 루브르박물관의 모나리자처럼 인정받을 수 있게 된다. 그런데 문제가 하나 있다. '원본이어서' '세상에 하나밖에 없기' 때문에 오리지널은 가치가 있는 건데, 만약 하나가 더 있다면 어떨까?

셋째, 대체불가증명

대체불가증명이란 '이게 원본이다'라는 것을 증명해 주는 걸 말한다. 오프라인의 오리지널은 단 하나밖에 없기에 가치가 있는 반면, 이를 뛰어넘는 치명적인 단점도 있다. 불에 타 소실되거나 물에 젖을 수도 있고, 시간의 흐름을 이기지 못하고 변색될 수도 있다. 더 큰 문제는 누군가가 똑같이 따라 그려 또 하나의 모나리자를 만들어 낼 수도 있다. 그래서 대부분의 명작은 위작에 대한 논란이 사라지지 않는다.

명화 '살바토르 문디'는 한 손에는 수정구슬을 들고, 한 손은 축복을 내리고 있는 예수의 모습을 그린 그림으로, 다빈치가 아니라 그의 조수가 그렸다는 의혹을 받고 있다. 그렇다면 혹시 루브르박물관에 있는 모나리자도 위작이 아닐까? 실제로 모나리자는 1911년에 도난을 당했다가 2년이 지난 1913년에 돌아왔다. 그럼, 과연 '이 모나리자는 진짜일까?' 하는 합리적 의심을 해볼 수 있다.

이렇듯 현실세계에서는 오리지널리티를 확인하고 증명하는 데 많은 시간과 노력과 비용이 든다. 그런데 만약 '이게 진짜다'라고 증명해 줄 수 있는 확실한 무언가가 있다면 어떨까? 모나리자 그림 한구석에 진짜 다빈치가 아니라면 절대로 따라할 수 없는 서명을 해놨다면 후대의 사람들이 조금은 덜 고생하지 않았을까?

디지털 세상으로 가면 더 복잡해진다. 예를 들어 내가 멋진 그림을 그려 Opensea에 올렸다. 이 그림은 누구나 원한다면 복사를 할 수 있고, 복사가 막혀있다면 스크린 캡처를 할 수 있다. 아무리 유명한 디지털 아티스트의 작품이라도 쉽게 복사할 수 있는 게 디지털 세계다. 그래서 디지털 세계에서는 '이게 진짜!'라는 낙관이 현실세계보다 더 필요한 것이다. 핵심은 여기에 있다.

세상 누가 봐도 이 사람이 '소유권'을 가지고 있다는 것을 누구도 대체할 수 없는 기술로 인증하는 것이 NFT다. 이렇게 **디지털 아티스트들의 권리를 확실하게 인정받을 수 있다면 사진, 영상, 음악, 문서 등 다양한 디지털 저작물에 적용될 수 있다. 바로 이것이 NFT와 메타버스와의 연결점이다.**

4

메타버스와
NFT의 연결

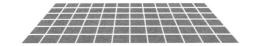

NFT는 메타버스와 어떻게 연결될 수 있을까? 2가지 관점에서 살펴보자.

'아이템'에 대한 소유권

첫 번째는 메타버스 속 '아이템'에 대한 소유권이다. 굳이 메타버스가 아니더라도 우리는 게임 속에서 필요한 아이템을 돈을 주고 산다. 우리의 능력치를 올려줄 수 있는 장비나 무기를 사기도 하고, 능력치하고는 아무 관련이 없지만 그냥 캐릭터를 예쁘게 꾸밀 수 있어서 구매하는 '옷'과 같은 것들도 있다. 그런데 내 돈을 주고 샀지만 정작 소유권은 나에게 없다. 게임회사가 문을 닫으면 애써 돈을 투자했던 아이템들 역시 사라지게 된다.

게임에 돈을 쓰는 '현질'을 이야기할 때면 빠지지 않고 등장하는 리니지의 집행검을 생각해 보자. 집행검은 서버 전체에 100개 정도밖에 없는 레어 아이템이다. 2017년 당시 이 아이템의 가격은 3,000만원이 넘었다. '무슨 아이템 하나에 3,000만원이나 해?'라고 할 수도 있겠지만 게임 내 희소성이라는 게 이렇게 무섭다. 심지어 최근에는 3억원까지 올라간 적도 있었고, 그 이상 레벨의 집행검은 4~5억원의 가치가 있다고 하니 놀라울 뿐이다.

집행검이 얼마나 유명하냐면 2020 KBO 한국시리즈에서 NC 다이노스가 우승한 후 우승컵 대신 집행검을 높이 들었을 정도였다(그런데 집행검은 디지털이 원본이고 아날로그가 사본이다. NFT가 되기 위해서는 둘 중의 하나는 없어져야 하나의 가치가 더 커진다).

이로 인한 사기 사건들도 많이 일어났다. 한 사건을 보자. 게임 속에서 한 유저가 말다툼 끝에 집행검을 땅에 떨어트리며 이렇게 좋은 검이 있다는 걸 보여줬다. 이때 몰래 다가온 유저가 바로 집어서 도망쳐버리는 일이 발생했다. 현실세계라면 경찰을 불

NC다이노스는 2020 KBO 한국시리즈에서 우승하며 세레머니로 '리니지'의 유명 아이템 '진명황의 집행검'을 빼닮은 실물 검을 높이 치켜들었다.　　　　　　　　　　　　출처 : NC다이노스

러서 잡았겠지만 게임에선 다르다. 게임에선 플레이어가 바닥에 놓은 걸 누군가가 가져간다면 기존 플레이어의 의사와는 관계없이 소유권이 이전된 것으로 보기 때문이다. 그런데 정말 소유권이 이전되길 원하지 않았는데 이런 일이 발생한다면 어떻게 해야 할까? 바로 NFT가 필요한 이유다.

　요즘 이슈가 되는 미술품 NFT 역시 고민되는 부분이 있다. 예술품에 투자를 하는 사람들은 자신만의 콜렉션을 가지고 있다. 한곳에 모아놓고 거닐며 보는 것도 좋고, 자신의 예술품을 기증한 후 직접 가서 보는 것도 좋다. 일단 '가서' 보거나 '모아서' 봐야 하는데, NFT로 된 작품을 아무리 많이 사더라도 모아놓고 볼 곳도 없고 다른 사람들에게 자랑도 할 수 없다면 무슨 의미가 있을까? 그래서 이 작품들을 모아놓고 볼 수 있는 메타버스 갤러리가 생겨나고 있다.

메타버스와의 연결

바람의 나라, 리니지는 물론 슈퍼셀의 브롤스타즈에 이르기까지 그동안 사놓았던 아이템들이 많은데, 만약 게임회사가 없어진다면 어떻게 될까? 그렇다면 **아이템을 NFT로 만들어 메타버스에서 보관하는 것이 하나의 방법이 될 수 있다.** 예를 들어 유저들의 NFT를 한곳에 모아 보관하고 전시하는 갤러리를 만들 수도 있고, 각 유저들마다 메타버스에 자신의 집을 지어 실제 집에서 작품을 걸어놓는 것처럼 보관할 수도 있다.

　서울옥션의 자회사인 프린트베이커리의 디지털 아트 특화 브랜드 eddysean(에디션)은 메타버스 플랫폼인 '크립토복셀'에 갤러리 건물을 만들고 '더 제네시스 : 인 더 비기닝'이란 이름의 전시회를 2021년 7월에 진행했다. 크립토복셀은 회원가입을 할 필요 없이 누구나 웹브라우저에서 접속할 수 있는 메타버스다. 아직은

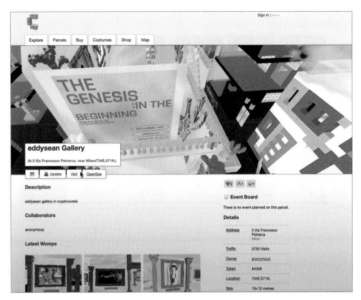

프린트베이커리는 메타버스 전시장인 '크립토복셀'에서 NFT 기반 디지털 아트 eddysean Gallery를 열었다.

출처 : 크립토복셀(cryptovoxels.com)

어색하지만 NFT로 만들어진 디지털 아트를 한자리에서 볼 수 있다는 데 의미가 있다.

　세계적 경매회사인 소더비와 크리스티 역시 2021년 초 NFT 경매 시장에 뛰어들었다. 크리스티는 앞서 이야기한 비플의 'Everydays - The First 5000 Days'를 6,930만달러(약 785억원)에 낙찰을 진행했고, 소더비는 디지털 아티스트 'Pak'의 작품 'Cube'를 1,680만달러(약 188억원)에 낙찰시켰다.

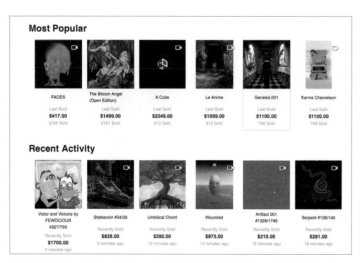

Most Popular

FACES	The Bitcoin Angel (Open Edition)	A Cube	Le Anime	Genesis.001	Karma Chameleon
Last Sold	Last Sold	Last Sold	Last Sold	Last Sold	Last Sold
$417.00	$1499.00	$2349.00	$1099.00	$1100.00	$1100.00
3734 Sold	2101 Sold	872 Sold	812 Sold	796 Sold	749 Sold

Recent Activity

Victor and Victoria by FEWOCIOUS #327/793	Stablecoin #34/39	Umbilical Chord	Wounded	Artifact 001 #1328/1749	Serpent #138/140
Recently Sold	Recently Sold	Recently Sold	Recently Sold	Recently Sold	Recently Sold
$1700.00	$835.00	$390.00	$973.00	$210.00	$291.00
3 minutes ago	6 minutes ago	12 minutes ago	14 minutes ago	16 minutes ago	18 minutes ago

니프티게이트웨이는 세계적 경매회사인 소더비, 크리스티와 파트너십을 맺으며 더욱 성장하고 있다.

출처 : 니프티게이트웨이 (niftygateway.com)

이렇게 역사와 전통의 두 경매회사가 NFT에 뛰어들었다는 것도 놀라운데, 두 회사 모두 파트너로 택한 곳이 니프티게이트웨이다. 니프티게이트웨이는 더샌드박스와도 제휴를 하며, NFT 자산들을 메타버스 세상에서도 효과적으로 보여주는데 있어 앞서가는 플랫폼으로 성장하고 있다.

NFT와 예술품의 결합

그런데 왜 NFT에서 '예술품'이 중요한 걸까? 그 이유는 **거래금액이 크고, 상징성이 있기 때문이다.** 그래서 예술품 시장은 'NFT 아트'로 별도로 구분할 필요가 있다.

거래금액이 '와, 저건 말도 안 돼'라며 올라갈수록 일반 대중들의 관심과 아직은 관망하고 있는 사람들의 관심을 끌어들일 수 있다. 소위 판이 커지게 되는 것이다.

또 하나는 상징성이다. 어쩌면 아무런 가치도 없는 코드 한 줄짜리 디지털 파일을 몇백억을 주고 산다는 게 의미가 없을 수도 있겠지만, 단 한 명의 소유자라는 '상징성'을 준다는 건 다르다. 여기서 상징성을 가지기 위해서는 아무도 모르게 디지털 재화를 사서 혼자 좋아하면 안 되고, 모든 사람들이 알 수 있도록 공표되어야 한다. 그 소유주가 비록 익명일지라도 그래야 가치가 있게 된다.

소더비와 크리스티와 같은 공신력 있는 기관들과 손을 잡을 필요가 있는 건 이 때문이다. 우리나라에서는 위메이드와 서울옥션이 NFT 거래 플랫폼을 추진하고 있다. 위메이드는 NFT 게임 아이템 매매가 가능한 거래소를 설립 중이고, 서울옥션은 '서울옥션블루'를 통해 디지털 경매시스템을 구축하고 있다.

5

NFT 거래시
주의해야 할 점

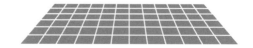

NFT는 현실세계와 메타버스의 세계를 연결짓는 가교 역할을 하고 있다. 다만 메타버스에서 NFT를 거래할 때에는 주의해야 할 것들이 있다. 하나하나 살펴보도록 하자.

표절 논란

먼저 표절 논란이다. 누군가가 한 거래소에 올라온 작품을 똑같이 흉내 내어 다른 곳에 올리거나 또는 작가에게 허락도 받지 않고 작가 몰래 올리는 경우도 있다. 최근 트레버존스는 'satoshi'라는 자신의 작품이 Opensea에 올라온 걸 뒤늦게 알게 되어 거래소에 연락했고, 작품은 즉시 삭제됐다.

2021년 초에는 CROSS 플랫폼에 올라온 작품들이 BCAEX에 올라왔던 작품들을 표절한 것이 알려졌다. 그런데 CROSS 측은 표절로 지적받은 58건의 작품을 내리지 않았다. 이유는 '탈중앙

트레버존스는 Opensea에서 본인의 작품을 허락받지 않고 올렸다며 내려줄 것을 요구했다.

출처 : @treverjonesart twitter

화' 플랫폼이기에 개인이 올린 작품을 거래소 측에서 임의로 삭제할 수 없다는 것이었다.

이처럼 표절의 경우 거래소에서 적극적으로 대응하지 않으면 강제로 내릴 수 없다는 데 문제가 있다. 물론 표절인지 패러디인지를 어디까지 인정할 수 있느냐에 따라 달라질 수 있겠지만, 디지털 작품은 아날로그 작품에 비해 더 쉽고 빠르게 표절을 할 수 있다 보니 거래소에서는 작품을 등록할 때 고객들이 신뢰할 수 있는 책임감을 가져야 하고, 구매자들은 작품을 구입할 때 좀 더 세심한 주의가 필요해 보인다.

오프라인 원본의 소유권

두 번째는 원작자의 작품 원본과의 소유권에 대한 문제이다. 2021년 5월 많은 관심을 모았던 이중섭, 박수근, 김환기 작가의 NFT 경매가 취소되는 일이 벌어졌다. 경매를 진행하기로 한 워너비인터내셔널에서는 미술등록협회를 통해 모든 절차에 맞게 진행했다고 했지만, 저작권을 가지고 있는 환기재단과 박수근의 유족 측에서 이에 대해 협의도 합의도 한 적이 없다고 강하게 부인했기 때문이다.

이처럼 예술품의 경우 저작권에 대한 문제는 물론, 원본을 그
대로 디지털로 만든 작품이 맞는지에 대한 진위 여부도 확인해야
한다. 앞으로도 지속적으로 발생할 수 있는 문제이니 관심있게
살펴봐야 한다.

해킹

세 번째 문제점은 해킹이다. 물론 NFT는 블록체인을 기반으로
한 이더리움으로 거래가 되며, 블록체인 방식의 가장 큰 장점은
해킹에서 자유롭다는 점이다. 그래서 NFT 자체는 해킹의 위험이
적지만 거래소는 그렇지 않다. 해커들이 노리는 부분도 직접적인
NFT와 코인이 아니라 거래소와 개인 계정이다. 다행스럽게도 아
직까지는 거래소에 대해 직접적인 해킹 사례는 발견되지 않았지
만, 개인 계정 탈취는 문제가 되고 있다.

2021년 3월 일부 사용자가 자신이 구매한 NFT를 도난당했다
는 기사와 자신의 카드 정보로 1만달러 이상의 NFT를 구매하는
데 쓰였다는 기사가 나왔다. 니프티게이트웨이 측에서는 자신들
이 아닌 사용자 계정 비밀번호가 다른 곳에서 도용당해서 벌어진
일이라며 개인들이 2단계 보안 인증을 받아야 한다고 말했다.

이처럼 아직은 개인 계정의 문제라고 하지만 세계적으로 유명한 거래소들이 한 번씩은 해킹 피해를 당한 적이 있었던 만큼 NFT 거래소에서도 같은 일이 생기지 않으리라는 보장은 없다.

박제

네 번째는 박제의 문제다. NFT는 누구나 자유롭게 만들 수 있기 때문에 누군가의 발언뿐 아니라 연예인을 스토킹해서 그들의 사생활을 NFT로 만든다면 심각한 문제가 발생한다. 일례로 은성수 금융위원장의 발언이 '은성수 코인'으로 박제된 예가 있다. 특히 민감한 사안에 대해서는 많은 소송이 벌어지게 될 텐데 안타깝게도 NFT를 만든 사람이 누구인지를 제대로 알 수 있는 길도 없고, 거래가 된 금액에 대해서는 환수조치를 하기도 어려운 것이 현실이다.

자전거래

마지막으로 자전거래다. 자전거래는 자신이 파는 상품에 대해 자신이 입찰해 금액을 올리는 걸 말하는데, 경매로 올라온 물건들의 경우 충분히 가능한 일이다. 일례로 비플의 작품을 낙찰받은 사람은 NFT 펀드 메타퍼스의 창업자이고, 잭 도시의 트윗을 250만달러로 구입한 사람은 브릿지오라클(가상화폐 기업)의 대표였다.

이들이 뛰어든 이유는 간단하다. 이만큼 주목받는 시장이라는 걸 보여줘야만 사람들의 관심을 받을 수 있기 때문이다. 그렇다고 해서 무작정 비난받을 만한 일도 아니다. 어쨌든 자신들의 자금을 투자해 실제로 작품을 구입했기 때문이다. 여기서 우리가 주의해야 하는 건 정말 말도 안 되는 작품에 이런 자전거래가 적용되어 의도적으로 가격을 올렸을 경우이다.

6

NFT 거래, 어떤 부분이 강화되어야 하는가?

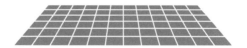

NFT 거래에서 발생할 수 있는 문제들을 해결하기 위해서는 어떤 부분이 강화되어야 할까? 거래소의 책임, 상징성 있는 기관의 인정, 진위 여부 확인과 개인 아티스트 차원에서 해야 할 일 등을 생각해 볼 수 있다.

첫째, NFT 거래소의 책임

'탈중앙화'란 멋진 말이다. 쉽게 이야기하면 개인과 개인 간의 거래에 대해 중앙의 기관은 아무것도 하지 않겠다는 것인데, 이게 맞는 걸까? 크든 작든 NFT 거래소에 작품을 올리거나 거래를 할 때 우리는 수수료를 낸다. 이렇게 **'돈'이 지불되었다면 거래소는 그에 대한 일정 정도 책임을 져야 하는 건 당연한 일이다.** 거래 전은 물론 거래 후에도 위작 등의 문제가 생겼다면 이에 대해 적극적인 해결에 나서는 모습을 보일 필요가 있다.

해킹에 있어서도 수준급의 보안을 갖추었다는 것을 증명할 수 있어야 한다. 지금 당장은 시스템이 제대로 구축되지 않아 혼란스러운 상태라 하더라도 가상화폐 거래소에서 발생했던 문제들이 NFT 거래소에서도 발생하지 않으리라는 보장은 없다.

둘째, 상징성

NFT 아트의 경우 공신력 있는 제3의 기관이 주는 상징성이 있어야 한다. 이 역할을 가장 잘할 수 있을 것으로 여겨지는 곳은 이미 현실세계에서 많은 작품들의 거래를 진행해 본 소더비, 크리스티, 서울옥션과 같은 경매업체들이다. 작품이 거래소에 등록되기 전에 진짜 가치가 있는 작품인지, 패러디나 위작은 아닌지에 대해 공중해 줄 수 있다면 작품의 가치는 더 올라갈 수밖에 없다. 물론 이 경우에는 이미 유명한 기성작가들 외에 신인들이 스타가 될 수 있는 기회가 줄어든다는 약점이 있다. 또 인증과 판매라는 절차가 하나씩 늘어갈수록 이에 대한 수익 역시 각각 줄어들게 된다는 단점도 있지만 그래도 가장 안전한 방법이다.

셋째, 진위 여부를 확인할 수 있는 시스템의 구축

미술품 거래뿐 아니라 모든 NFT 거래에 있어 진위 여부를 확인할 수 있는 시스템 구축은 필수다. NFT의 소유자는 블록체인에 기록되기 때문에 누구나 블록체인을 확인해 누구의 소유라는 것을 확인할 수 있다. 하지만 이 '누구나 확인할 수 있다'의 '누구'는 이 시스템을 잘 아는 사람들을 이야기하지 일반 대중이 아니다. 누구에게라도 어디에서든 인정받기 위해서는 검증하고 알릴 수 있는 쉬운 방법이 필요하다. 그래서 각각의 거래소에 있는 작품들을 하나로 모아 DB로 검색할 수 있도록 하는 것도 하나의 방법이 된다. 내가 산 작품이 표절이거나 위작인 걸 정확하게 판명할 수 없다면 이런 의혹 속에서 시장의 확대는 어렵다.

넷째, 개인 아티스트 차원에서 해야 할 일

개인 아티스트들의 경우 예전보다 훨씬 많은 기회가 생겼다. 그런데 이 기회는 유명한 아티스트들에게만 돌아오는 기회일 수도 있다. NFT 작품이 많아지면 많아질수록 사람들의 선택은 '이미 유명한' 쪽으로 쏠릴 게 분명하기 때문이다.

신인작가들의 경우 NFT 거래소가 많아지는 만큼 굳이 어느 한쪽만 선택할 필요없이 자신이 만든 작품을 똑같은 작품만 아니라면 다양한 거래소에 올려 판매하는 것이 좋다(물론 이는 유명 아티스트들도 해당된다). 문제는 팬들의 입장에서 혼란스럽고 관리 면에서 복잡하다는 것인데, 이 부분은 SNS를 적극적으로 활용하면 충분히 해결이 가능하다. **자신만의 작품을 모아 놓은 홈페이지를 만들고, 페이스북·인스타그램·트위터를 통해 자신이 만든 작품을 공개하고 링크를 걸어 팬들에게 보다 적극적으로 알릴 필요가 있다.** 비플과 같은 아티스트들은 이미 SNS를 통해 자신의 작품을 활발하게 홍보하고 있다.

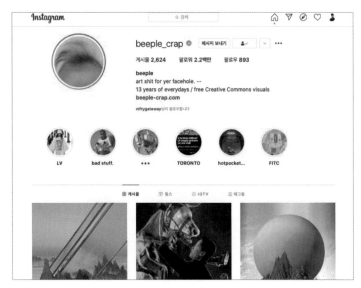

비플은 자신이 만든 작품들을 유튜브와 인스타그램, 페이스북을 통해 공개하고 있다.

출처 : 비플 beeple_crap 인스타그램

7

NFT의 거품, 그리고 확장 가능성

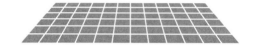

NFT는 거품인가? 미래인가?

메타버스에서 던졌던 질문을 여기서도 던지지 않을 수 없다. 현실에서 직접 만질 수 없는 디지털 재화라고 해서 가치가 없다고 하기에 우리는 이미 너무 많은 가상의 아이템과 함께 살아가고 있다.

대표적인 게 '돈'이다. 동전의 짤랑거림, 지폐의 두툼함을 느껴 본 적이 오래됐다. 이미 세계 각국은 동전 없는 사회, 현금 없는 사회를 추진 중이다. 중앙정부에서 발행하는 디지털 화폐인 CBDC(중앙은행 디지털화폐)가 확산된 먼 미래에는 어쩌면 실제 동전을 가지기 위해 더 많은 돈을 지불해야 할지도 모른다.

그럼에도 불구하고 **NFT를 거품으로 보는 이유는 무엇일까? 한마디로 불안정한 가격 때문이다.** 돈에 대한 기준은 각각 다르겠지만, 그래도 카드 한 장에 몇천만 원, jpg 디지털 작품 하나에 몇억씩 거래되는 시장은 아직 와닿지 않는다. 2021년 4월 초 NFT의 평균가격이 70% 가까이 폭락했다는 보도가 나왔다. 그런데 이런 보도와 분위기는 이미 비트코인과 이더리움의 초창기에도 있었다. 크립토키티의 몰락을 이야기했을 때에도 잠깐 동안은 떠들썩하며 가격은 일부 떨어졌지만 그렇다고 휴지조각이 되지는 않았다. 비트코인 역시 마찬가지다. 아무런 가치가 없을 수 있다는 걸 모르는 사람은 없지만 희소성과 대중성에 힘입어 굳건히 자리잡았고, 등락폭은 말도 안 될 정도로 크지만 그래도 조금씩 안정화되어가고 있다. NFT도 차츰 대중의 관심뿐 아니라 기업의 관심도 같이 얻고 있기 때문에 더 빠르게 안정되어 갈 것으로 보인다.

희소성은 어떨까? 앞서 이야기한 '카드 수집'을 생각해 보자. 포켓몬카드와 유희왕카드는 한 팩에 1,000원 정도 하지만, 희소성 있는 카드는 한 장에 몇만 원씩 거래된다. 게다가 이 카드는 모으는 재미 외에도 상대방과 카드게임을 할 수 있는 즐거움도 준다. 유희왕과 포켓몬스터는 온라인 게임으로도 만들어졌지만 오프라인 카드만큼의 희소성이 없었기에 크게 인기를 끌지 못했다. 그렇다면 제조사에서 카드 하나하나를 NFT로 만든 후 전 세계인을 대상으로 희소성 판매에 들어가면 어떨까? 그리고 이렇게 얻은 카드를 실제 게임에서도 쓸 수 있어 누구에게나 인정받고 자랑까지 할 수 있게 만든다면? 충분히 고려할 만하다.

'희소성'과 '수집' 하면 빠질 수 없는 분야가 있다. 바로 우리나라에서 최대의 강점을 가진 K-POP이다. BTS의 첫 번째 앨범, 첫 번째 유튜브 영상, 연습생 시절의 영상을 각각의 NFT로 만들 수 있다. 마치 NBA 스타들의 명장면을 카드로 만들었듯 팬들이 사지 않으면 견딜 수 없는 멋진 짤을 NFT로 만든다면 그 가치는 상상조차 할 수 없을 것이다.

실생활에 사용가능한 NFT

이제 우리의 일상에서 살펴보자. '대체불가'라는 면에서 실생활에 쓰일 수 있는 것으로는 주민등록증, 운전면허증, 여권과 같이 개인을 증명하는 인증서와 국가기관에서 발급하는 자격증이다. 그리고 이러한 '신분증'과 '자격증'은 이미 2020년 말부터 카카오와 네이버, 통신 3사의 PASS 앱에 담겨 활용되고 있다.

그렇다면 **우리가 여기저기서 수집한 아이템들을 어딘가 한곳에 담아 쉽게 보관할 수 없을까?** 거래소나 개별 사이트의 경우 어느 날 갑자기 사라질 수도 있고 해킹을 당할 수도 있다. 코인들 역시 이런 문제점들을 가지고 있기 때문에 원활한 거래의 목적이 아니라면 거래소가 아닌 개인들이 '지갑'에 따로 저장하기도 한다. 이때 오프라인으로 보관하는 걸 '콜드월렛', 거래소 이외의 장소에 보관하는 걸 '핫월렛'이라고 하는데, 이 중 후자를 돕는 서비스가 2개 있다(더 많겠지만 국내의 사례만 보자).

하나는 삼성의 '블록체인 월렛'이다. 삼성의 스마트폰 갤럭시 S20 이상의 폰부터는 '블록체인 월렛'을 사용할 수 있는데(삼성 앱 스토어에서 검색 후 설치하면 된다), 거래소에서 삼성 블록체인 월렛으로 코인을 전송하게 되면 지갑에 담기게 된다.

그리고 또 하나는 카카오의 '클립'이다. 카카오는 이미 2020년부터 '클립'이란 서비스를 만들어 카카오톡에 기본으로 탑재해 두었다. 클립에는 각각의 토큰을 연계해 담을 수 있는데, 카카오의 자회사인 그라운드X의 블록체인 플랫폼 클레이튼을 기반으로 만든 '클레이'라는 코인을 기본으로 담을 수 있다(가끔 이벤트로 준다). 카카오톡에서 '더보기'를 누르면 메뉴 중 마지막에 '전체서비스'가 있고, 거기에서 '클립' 메뉴를 볼 수 있다. 클립으로 할 수 있는 일은 두 가지인데, 다양한 '토큰'을 등록할 수 있고, '카드'를 수집하거나 주고받을 수 있다.

그라운드X는 클레이튼을 기반으로 NFT를 대중화시키기 위해 2가지 프로젝트를 추진하고 있다. 하나는 누구나 무료로 NFT를 쉽게 만들 수 있는 '크래프터 스페이스'로, 만든 작품은 NFT 거래소 오픈씨에 연동해 판매할 수 있다(Part 4의 Tip 참고). 두 번째는 NFT를 기반으로 한 SNS인 '마이템즈'로, 웰컴카드처럼 자신만의 NFT를 발행해 판매할 수 있도록 만든 플랫폼이다.

카카오톡 안에 들어있는 '클립'에는 클레이튼에서 만든 '클레이'라는 코인을 담을 수 있다.

2021년 7월 21일 드디어 카카오의 NFT 거래소 '클립 드롭스'가 서비스를 시작했다. 그리고 7월 28일 9시 첫 작품 'Crevasse #01. by Mr Missang'의 판매를 시작했는데, 999개의 작품이 각 100KLAY로 27분 만에 완판되었고, 8월 1일에는 배우 하정우 씨의 작품이 27,000KLAY로 시작해 47,000KLAY(약 5,000만원)에 낙찰되었다. 클립 드롭스는 카카오라는 상징성을 바탕으로 NFT 작품을 거래하고 소유하는 데 있어 일반인들이 쉽게 접근할 수 있는 시작점을 마련했다는 데 의미가 있다.

이베이, NFT 거래를 지원하다

2021년 5월 글로벌 온라인 쇼핑 플랫폼 이베이가 NFT 거래를 지원하겠다고 밝혔다. 아직은 작품을 올리는 창작자들에 대한 검증 및 거래방법 등에 대해 준비하는 단계지만, 이베이에서 NFT 거래를 지원하겠다는 말은 가상화폐로 물건을 살 수 있게 된다는 말로도 해석된다. 이베이가 성공적으로 NFT 거래에 성공할 경우 아마존, 알리바바와 같은 대형 이커머스 회사들이 지켜보고만 있지는 않을 것이다. 새로운 시장이 열리는 것으로 기대되고 있다.

국내 게임시장은 아직도 준비 중

해외와 다르게 국내에서는 게임에서 NFT를 사용하거나 얻는 게 불가능하다. 게임에서 NFT 아이템은 소유권이 이용자에게 있기 때문에 게임산업법상 '경품에 해당한다'고 보기 때문이다. 한마디로 도박과 같아질 것을 우려하는 것이다. 결국 스카이피플의 '파이브스타즈'가 등급 취소를 받았고, 프린세스 메이커 클레이튼, 크립토 소드앤 매직 역시 마찬가지 이유로 취소되었다.

NFT는 가상화폐로 연결되며, 가상화폐는 거래소에서 현금화할 수 있기 때문에 정부 입장에서는 쉽게 허락할 수 없는 부분이다. 하지만 결국 메타버스의 세상에서 현실세계와의 자금 연결은 필수적인 부분이기 때문에 지금부터 빠르게 논의가 필요한 부분이다.

지금까지 살펴보았듯이 메타버스와 현실세계 양쪽을 넘나드는 역할로 NFT는 더 확장할 수 있을 것이다. 하지만 아직 제도와 시스템의 정비가 필요한 부분들이 있기 때문에 무조건 수익만 얻기 위해 뛰어드는 건 맞지 않다. 회사들이 수익이 눈에 보이면서도 천천히 진행하고 있는 이유는 이 때문이다.

오픈씨에서 NFT를 만들어
판매해 보자

오픈씨에서 NFT를 만들어 판매하려면 오픈씨(opensea.io)에 회원 가입을 하고, 나만의 공간(상점)을 만든 후 작품을 올리고, 가격을 결정하면 된다. 다만 오픈씨는 가상화폐(이더리움)를 기준으로 거래가 되는 곳이기에 회원 가입시 자신의 가상화폐 지갑을 연동해야 하며, 공간을 만들 때 수수료(가스비)를 내야 한다. 조금 복잡할 수도 있지만 하나씩 따라해 보면 알 수 있다(이미 가상화폐를 갖고 있다면 3번으로 바로 이동하자).

1 | 이더리움 구입

첫 단계는 가상화폐인 이더리움을 사야 한다. 이더리움 가격이 1ETH에 300만원이 넘는다. NFT를 거래하기 위해서라지만 가상화폐에 강제투자해야 하는 건 좀 어렵지 않을까? 문제 없다. 가상화폐는 0.01, 0.02 식으로 쪼개서 필요한 만큼만 살 수 있다. 우선 가상화폐 거래소에서 0.1~0.2ETH 정도의 이더리움을 구입한다.

오픈씨 수수료는 0.03ETH이고, 가상화폐 거래소에서 지갑으로 보낼 때 출금 수수료가 0.01ETH 정도가 드니 여유있게 구입해 놓는 게 좋다.

2 | 메타마스크(가상화폐 지갑) 설치

메타마스크의 설치를 위해서는 '크롬' 브라우저를 사용해야 한다. 크롬을 실행 후 '크롬 웹스토어'에 접속하자. 여기에서 MetaMask를 검색해 [크롬에 추가]한다.

메타마스크는 이더리움을 보관하기 위한 '나만의 지갑'이다. 비밀번호를 분실할 경우에는 다시 찾을 수 없으니 주의해야 하고, 공공으로 쓰는 컴퓨터에서는 절대로 등록하지 말자. 설치가 끝났다면 오른쪽의 [지갑 생성]을 클릭한다. 이때 비밀백업 구문은 반드시 백업(저장)해 둔다.

모든 절차가 끝나면 다음과 같이 메타마스크가 생성된다(만약 새로운 컴퓨터에서 다시 접속할 때에는 '지갑 가져오기'를 누른 후 백업구문을 입력 후 연결하면 된다).

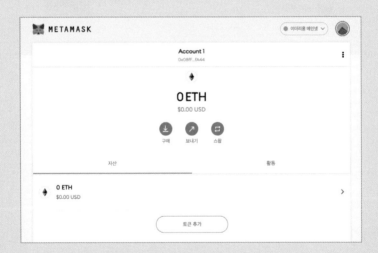

3 | 거래소에서 메타마스크로 이더리움을 송금

지갑을 만든 후 오픈씨에 수수료를 내야 하기에, 이더리움을 구입했던 거래소에서 메타마스크로 이더리움을 송금하자. 빗썸을 기준으로 보면 '출금' 버튼을 누른 후 '이더리움'을 선택하면 '이더리움 출금 주소' 란이 나온다. 여기에 방금 만든 메타마스크의 고유 주소를 넣고 출금 요청을 하면 된다(업비트, 빗썸 등의 거래소마다 메뉴 구성이 다르지만 방법은 동일하다).

4 | 오픈씨 접속

크롬에서 오픈씨(opensea.io)에 접속해 메뉴 오른쪽 위 사람 모양의 버튼을 눌러 sign in을 실행하면 MetaMask와 연결된다(크롬 브라우저를 계속 사용하자).

    계정 연결이 끝났다면 이제 '만들기'로 들어가 상점을 만들어 보자. 'Create'을 누르고 난 후 Create new collection에서 만들면 된다. 상점을 만들고 상점 안에 NFT 작품들을 등록한 후 판매 신청을 하는 방식이다.

5 | 작품 등록

만들어 놓은 상점 안에서 'Create new item'을 선택하면 된다. 이미 만들어 놓은 그림 파일을 선택하면 빠르게 NFT를 만들 수 있다(이미지뿐 아니라 음악파일도 올릴 수 있다). 나머지 설정들을 자세하게 기록해 놓으면 구매자들이 검색하는데 도움이 된다. 여기까지 NFT를 만드는 데에는 별다른 비용이 들지 않는다.

6 | NFT 판매

자신이 만든 작품의 오른쪽 위 '판매하기'를 클릭하면 얼마에
판매를 할 것인지, 경매에 붙일 것인지 등 다양한 내용을 정할 수
있다. 판매를 위해서는 오픈씨에 최초 등록수수료를 지불해야 하
며, 이 금액은 0.03ETH 정도이다.

모든 절차가 끝났다면 여러분이 만든 작품이 오픈씨에 등록되
고 판매가 가능하다. 이후 작품을 등록할 때는 별도로 수수료를
내지 않는다(정책은 변경될 수 있다). 다음은 필자가 올린 NFT다.

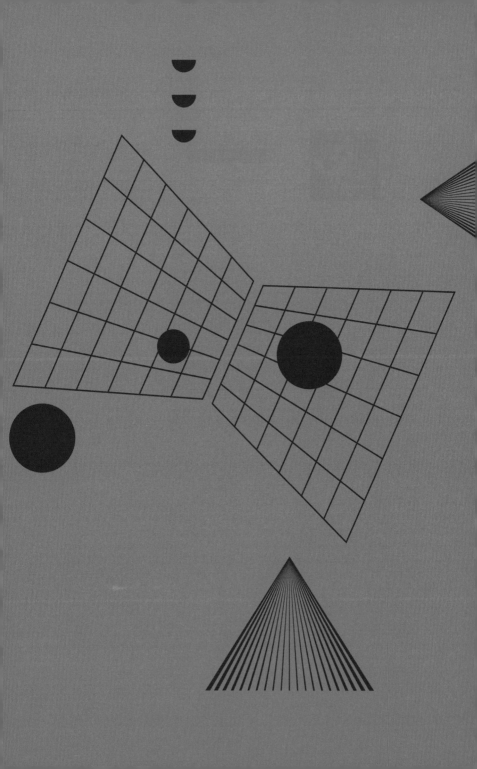

PART 4

메타버스의 미래,
어디에 주목해야 하는가?

METAVERSE

1
성공한 메타버스의
3가지 요소

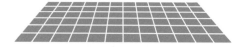

　지금까지 메타버스의 세계와 그 안에서 교환가치가 있는 각각의 아이템, 그리고 돈과 관련된 NFT를 알아봤다. 우리가 사는 현실세계가 아닌 모든 것들을 메타버스라고 봐도 좋고, 현실을 대체하거나 새로운 현실을 메타버스라고 봐도 좋다. 무엇이 되었든 이제부터 새로운 미래의 시작이고, 그 정의는 우리가 만들어 가고 있다.

　하루하루가 다르게 변하는 세상이다 보니 앞으로의 변화를 예견하는 데에는 무리가 있겠지만, 지금 이 시점을 기준으로 '성공한 메타버스'는 어떤 것들이 있는지 3가지 요소를 살펴보자. 이를 통해 현재 메타버스의 구축을 준비 중이라면 빠진 게 있는지를 확인해 보고, 메타버스를 활용할 생각이라면 검증하는 용도로 사용하길 바란다.

첫째, 수익화

4차 산업혁명의 이슈가 한참이었을 때, 알파고와 이세돌 9단의 시합이 있었던 2016년을 돌아보자. 모두가 인공지능AI을 이야기했지만 정작 사람들의 일상에는 이렇다 할 변화가 없었다. 관심을 보이기 시작한 건 인공지능 콜센터가 도입되며 일자리가 줄어들면서부터다.

유튜브도 마찬가지다. 유튜버가 되면 돈을 벌 수 있다는 말이 많았지만 대부분의 사람들은 대수롭지 않게 생각했다. 그런데 6살짜리 아이가 강남 건물주가 되고, 70대 할머니가 100만 유튜버가 되자 너도나도 유튜브에 뛰어들었다. '돈'이 눈에 보였기 때문이다.

메타버스에 대한 관심도 마찬가지다. 이미 오래전부터 있었던 가상의 게임이었고, 가상의 재화였다. 로블록스와 NFT도 몇 년 전부터 있었지만, 실제로 돈을 버는 회사와 개인들이 눈앞에 보이기 시작하자 그제서야 사람들의 관심과 움직임이 달라졌다.

성공하는 메타버스의 첫 번째 요소를 여기에서 찾을 수 있다. 메타버스의 세계에서는 플랫폼을 제공하는 회사들만 돈을 버는 게 아니라 참여하는 다른 회사는 물론 개인(플레이어)도 '수익'을 얻을 수 있어야 오래도록 지속할 확률이 높다. 제페토와 로블록스가 대표적으로, 이 둘은 개인들도 수익을 볼 수 있는 메타버스 세계의 일자리를 만들었다.

NFT 거래소들도 마찬가지다. 이들이 각광받는 이유는 디지털 아티스트들에게 제2의 비플이 될 수 있다는 희망을 주었기 때문이다. 금전적인 혜택이 있으면 사람들은 더 많이 참여하게 된다.

하지만 포트나이트와 동물의 숲은 많은 사람들을 참여시켰지만 개개인들이 돈을 벌 수 있는 기회는 아직 주고 있지 않다. 앞으로 이들과 유사한 형태의 서비스들은 고민할 수밖에 없다. 물론 플레이어들을 생산자로 참여시킬 경우 '퀄리티'와 '밸런스' 관리가 어려워진다. 그렇다고 해서 참여시키지 않는다면 다른 메타버스에 플레이어들을 빼앗길 확률도 커진다. 그렇다면 퀄리티를 유지하기 위해 NFT 거래소나 제페토처럼 심사를 받아 통과해야만 수익화의 기회를 주는 방법을 도입하는 건 어떨까?

애플이 아이폰을 출시한 이후 지금까지 성장을 이어가고 있는 건 앱스토어라는 플랫폼을 가지고 있기 때문이다. 메타버스 역시 성공을 거두기 위해서는 메타버스 자체가 하나의 수익을 낼 수 있는 플랫폼이 되어야 한다.

둘째, 접속해야 하는 이유 제공

2002년 월드컵 당시 기억에 남았던 건 거리 응원에서 생수를 팔아 대박이 났다는 사람들의 이야기였다. 그래서 4년이 지난 2006년 월드컵 때에는 불이 들어오는 헤어밴드 악마뿔과 붉은 악마 손수건 겸 두건을 대량으로 떼어 시청 광장으로 갔다. 하지만 좌판을 열고 앉았을 때 직감했다. '아, 쉽지 않겠구나.' 나와 같은 생각을 한 수많은 개인 상인들이 몰려들다 보니 응원하러 온 사람들보다 상인들이 더 많을 지경이었다. 그래도 사람들은 월드컵 경기를 '모여서' 볼 수 있었기 때문에 끊임없이 모여들었고, 다행히 손해는 보지 않았다.

메타버스의 세계 역시 마찬가지다. 앞에서 목적 없는 게임은, 너무 자유도가 높은 게임은 오히려 방치될 확률이 높다는 이야기를 했다. 포트나이트는 배틀로얄 게임이지만 파티로얄을 도입해 사람들이 천천히 둘러보고 즐길 수 있는 여유를 줬다. 월드컵에서처럼 '모여야 하는 이유'를 제공했기에 성공한 것이다. 동물의 숲은 자신의 섬을 정성껏 꾸미며 세상 모두에게 공개할 수 있다는 비전을 줬다. 제페토는 자신의 아바타를 꾸미는 걸 넘어 꾸며진 아바타들끼리 모일 수 있는 공간을 만들어 줬고, 출석 미션과 이벤트를 통해 접속해야 하는 이유를 끊임없이 제공했다.

그렇다면 **NFT 거래소들은 수익을 제외하고 어떤 이유와 재미를 줄 수 있을까?** 가장 잘하고 있는 곳은 'NBA 탑샷'이다. 탑샷은 카드팩을 살 수 있는 시간을 제한해 사전예약을 받고 그 시간대에 접속해야만 구입할 수 있는 굉장히 불편한 강제성을 부여했는데, 이걸 가슴 두근거리는 게임처럼 만들었다. 다른 거래소들 역시 정해진 시간대에만 한정품을 살 수 있게 공급하는 등 다양한 이벤트가 도입되어야 한다.

'NBA 탑샷'은 카드팩을 살 수 있는 시간을 제한해 그 시간대에 접속해야만 구입할 수 있도록 하고 있다.

출처 : Top Shot 홈페이지(nbatopshot.com)

셋째, 다른 SNS와의 연결

동물의 숲에서 진행하는 다양한 이벤트들이 동물의 숲 게임 안에서만 끝난다면 그들만의 잔치로 끝나게 된다. 제페토에서 구입한 옷을 제페토에서만 공유한다면 역시 그 안에서의 재미로만 그치게 된다. 게임도 마찬가지다. 점점 많은 게임들이 게임 속 자신의 캐릭터를 멋지게 만들어 공유하거나 게임 플레이 영상을 녹화해 다운받는 방법들을 쉽게 제공하고 있다. 다른 SNS로의 쉬운 확산을 위해서다. 제페토가 대표적인데, 게임 속 아바타가 춤추는 모습을 녹화할 수 있고 특정 장소에서 명품 옷을 입고 사진을 찍을 수 있도록 했다. 유저들은 이렇게 찍은 사진과 영상을 SNS에 공유하며 자신의 캐릭터를 자랑했다. 앞서 이야기한 '제페토 상황극'이 만들어질 수 있었던 힘이다. 이처럼 끊임없는 연결과 확장을 통해 게임을 하지 않는 사람들에게도 어떤 게임인지, 그 안에서 어떤 것들을 할 수 있는지를 쉽게 알려주어야 한다. 점점 게임 속 캐릭터와 콜라보한 제품들을 현실세계 속에서 보는 일도, 현실세계의 유명한 브랜드들이 게임 속에 입점하는 일도 흔한 일이 될 것이다.

이 점에서 **NFT 작품들 역시 개인이 관심있는 것들은 물론 보안에 문제만 없다면 개인이 소장한 콜렉션을 SNS나 현실세계에 공**

유할 수 있는 방법을 고민해야 할 것이다. 가장 쉬운 방법이 있다. 바로 디지털 전시다. 이미 고흐, 고갱 등 유명한 화가들의 작품은 디지털 아트로 재탄생해서 전시되고 있다. 그렇다면 마찬가지로 디지털 아티스트들의 작품을 디지털 액자에 담아 전시하면 되지 않을까? 분실·도난의 문제도 없기에 당장 시도해 볼 만하다.

2

다시 만나는
싸이월드

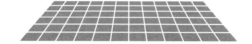

메타버스의 파도를 타고 싸이월드가 돌아왔다. 지금까지 이야기한 아바타 꾸미기, 친구들과 대화하기, 연결짓기 등 다양한 메타버스의 기본이 되는 요소들은 이미 1999년 싸이월드에 적용되어 있었다.

싸이월드는 1999년 서비스를 시작해 2003년 SK커뮤니케이션즈에 인수되었다가 2014년 다시 싸이월드로 분사했다. 어떤 이들은 싸이월드가 무너지게 된 이유가 SK커뮤니케이션즈라는 대기업 때문이라고도 하는데, 어느 정도는 맞고 어느 정도는 틀리다.

도토리와 일촌, 파도타기 등 '싸이질'로 전 국민의 사랑을 받았던 '싸이월드'가 메타버스를 타고 돌아온다.

출처 : 싸이월드 홈페이지(cyworld.com)

2003년 인수되지 않았다면 영세했던 싸이월드는 밀려드는 트래픽을 감당하지 못하고 이미 문을 닫았을지도 모른다. 인수 후 속도 개선은 물론 전 국민의 메신저였던 네이트온과의 연동을 통해 즉시 접속을 할 수 있게 되며 더 많은 인기를 유지할 수 있었다.

싸이월드의 가장 큰 실패의 원인으로는 '모바일 시대'에 제대로 적응하지 못한 것을 꼽는다. 2009년 말 아이폰의 국내 상륙 후 모바일 중심으로 세상이 바뀌어 가는데, 싸이월드는 모바일 버전이 나오지 않았고 네이트온 역시 마찬가지였다. 결국 모바일에 최적화된 트위터와 페이스북의 인기 속에 싸이월드 사용자는 속

속 이탈했고, 카카오톡의 등장으로 네이트온 역시 사용자들을 뺏겨야 했다.

지지부진하던 싸이월드는 2016년 프리챌 창업자였던 전제완 대표가 인수하며 부활하는 듯 보였으나 결국 실패하며, 2019년에는 접속 불가, 대표 및 관계자 연락 두절, 국민청원 등 다양한 이슈가 이어지다 2020년 세무서 직권으로 폐업처리되기에 이른다.

2021년 엔터테인먼트회사 스카이이엔엠 등 5개의 기업이 '싸이월드Z'라는 법인을 새로 설립해 체불임금 10억원을 내는 조건으로 싸이월드를 인수했다. 2021년 하반기를 목표로 오픈을 준비 중이다.

지금까지 나온 이야기로는 2D세대와 메타버스 싸이월드 3D세대가 함께 즐길 특별한 싸이월드가 될 것이며, 이를 통해 예전에 서비스되던 오리지널 미니홈피의 재단장, 증강현실이 적용될 새로운 미니홈피 두 가지 버전을 만날 수 있을 거라고 한다. 게다가 실패요인으로 이야기했던 '모바일' 변환까지 한꺼번에 이루어져 새로 오픈할 때에는 모바일 버전과 웹 버전 모두 동시에 오픈될 예정이다.

싸이월드 하면 기억나는 것이 1세대 디지털 화폐라고 볼 수 있는 '도토리'이다. 도토리가 있어야 아바타(미니미)의 옷을 입히거나, 미니홈피 아이템을 사거나, 배경음악을 바꿀 수 있었는데, 지금 제페토에서 쓰는 코인과 젬을 생각하면 이해하기 쉽다. 2019년 서비스 중단 당시 도토리 잔액은 38억원이 넘었는데, 다행스럽게도 SK커뮤니케이션즈에서 3,200만 명 회원의 180억 개 데이터베이스를 잘 보존하고 있어 당시 회원들에게 돌려주는 절차를 밟고 있다.

환불을 원하지 않는 사람들은 2배로 진화된 도토리를 받을 수 있는데, 상표권 문제로 인해 '도토리'라는 말을 쓰지 못하고 '싸이도토리'로 바꾸었다. MCI재단과 블록체인 서비스를 개발하겠다

2021년 다시 만나는 싸이월드는 신규 가입시 진화한 싸이도토리 무료 지급 등 다양한 이벤트로 과거의 회원뿐 아니라 신규 회원들을 모으고 있다.　　　　　출처 : 싸이월드 홈페이지(cyworld.com)

고 한 바, NFT까지도 염두에 두어 다양한 확장성을 준비 중인 것으로 보인다.

2020년 말까지 '싸이월드가 다시 부활한다' '메타버스화한다' '도토리를 다시 쓸 수 있다'라는 말들이 나왔을 때는 '언제까지 추억팔이를 할 것이냐'와 '궁금해서 들어가 보기는 하지만 굳이 싸이월드를 다시 하고 싶지는 않다'는 이야기가 많았다. 그런데 2021년이 시작되면서 메타버스에 대한 관심이 높아지자 싸이월드를 바라보는 세상의 눈 역시 달라지고 있다.

현재 제페토를 제외하고는 나만의 아바타를 꾸미고, 소셜하게 다른 사람들을 만날 수 있는 메타버스라 할 수 있는 서비스가 없다. 게다가 싸이월드를 무너지게 만들었던 트위터와 페이스북은 10년이 지나는 동안 점점 흥미를 잃고 빠져나오는 사람들이 늘고 있다. 싸이월드에게는 새롭게 도약할 수 있는 좋은 기회인 것이다. 다만 메타버스라는 분위기에 취해 과거의 모습과 너무 다른 싸이월드가 나오게 된다면 실패로 끝날 확률도 크다. **싸이월드의 흥망성쇠, 그리고 새로운 도약은 다른 모든 메타버스를 준비하는 서비스들이 관심있게 지켜봐야 할 부분이다.**

3

새로운 인류,
디지털 휴먼이 온다

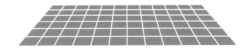

우리는 지금도 메타버스 안에서 수많은 사람들을 만나며 오랜 시간을 보내고 있다. 그런데 이 사람들이 진짜 사람이 아니라 '인공지능 아바타'라면 어떨까? 롤플레잉게임RPG에서 NPC라고 불리는 캐릭터들이 정말 사람처럼 행동할 때 우리는 플레이어와 아바타를 구분할 수 있을까?

예를 들어 몬스터헌터라는 게임에서는 몬스터를 잡다가 혼자 힘으로 안 될 때면 '구조 신호'를 보낼 수 있다. 그럼, 소위 '고인물 (한 게임을 오래 한 플레이어들)'들이 접속해 함께 사냥해 주는데, 말을 걸어 직접 물어보지 않는 이상에는 이들이 사람(플레이어)인지 아닌지를 구분할 수 있는 방법이 없다(현재는 100% 플레이어들만 함께 사냥하고 있다). 이외에 수많은 게임들에서 '파티'로 함께하는 사람들 역시 마찬가지다. 그들이 사람인지 어떻게 확신할 수 있겠는가?

2020년 12월 '이루다'라는 이름의 인공지능 챗봇이 페이스북에 나타났다. 너무나 자연스럽게 대화할 수 있어 대화를 해 본 사람들은 마치 친구나 동생과 대화하는 느낌이었다고 말할 정도였다. 개발사의 카카오톡 대화 무단 수집과 개인정보 노출 이슈로 인해 금방 서비스가 종료되었지만, 진짜와 가짜를 구분할 수 없을 정도로 진화하겠구나라는 생각이 들었다.

제페토는 혼자 게임을 즐기는 사람들도 어색하지 않도록 기본적으로 제공하는 아바타와 함께 사진을 찍을 수 있게 해준다. 여기에 고도의 인공지능이 얹어지게 된다면 제페토 안에서 상담사로도 활동할 수 있지 않을까?

아예 아바타가 자신의 목소리를 가지고 말하며, 스스로 행동을 한다면 어떨까? 우리는 이미 1998년 사이버 가수 '아담'을 만났다. 다만 아담은 목소리를 합성한 건 아니고 실제 얼굴을 공개하지 않은 가수의 목소리를 빌려 컴퓨터 그래픽을 입혔다.

꾸준히 앨범 활동을 하던 아담은 제작비의 압박을 이기지 못해 활동이 줄어들었고, 2016년 키다리 펀딩 프로젝트를 통해 리부트

1998년 1월 타이틀곡 '세상엔 없는 사랑'으로 데뷔한 국내 1호 사이버 가수 아담은 '버츄얼 인플루언서'로 언제든 다시 만날 기회가 있을 것이다.　　　　　　　　　　　출처 : 아담 소프트

콘서트를 가지기로 했으나 안타깝게도 실현되지 못했다.

현재 이들을 지칭하는 가장 어울리는 표현은 '버츄얼 인플루언서'다. 이 중 가장 유명한 건 '릴 미켈라'로, 인스타그램 팔로우 306만, 유튜브 구독자 26만의 슈퍼스타이자 2018년에는 온라인에서 가장 영향력 있는 25인 중 한 명으로 타임지에 실리기도 했다.

그런데 릴 미켈라의 인스타그램을 보면 '와, 진짜 사람 같다'라는 느낌이 드는 게 아니라 '뭔가 상당히 티나는 게임 캐릭터'처럼 보인다. 그런데도 왜 인기가 있는 걸까?

캐릭터는 현실적이지 않아도, 그녀가 입고 있는 옷, 장신구, 자주 가는 장소들이 핫하기 때문이다. 게다가 현실세계의 장소에

인스타그램에서 306만 명의 팔로워를 가진 '릴 미켈라'는 미국 스타트업 '브러드'에서 2016년 출시한
가상 모델 겸 뮤지션이다.　　　　　　　　　　　　　　　출처 : 릴 미켈라(Lil Miquela) 인스타그램

혼자 있는 게 아니라 실제 '사람'들과 함께 생일파티를 하거나 사
진을 찍는 모습들이 상당히 사실적이다. 심지어 인터뷰 영상은
곁에 있다고 해도 좋을 정도로 자연스럽다.

　2016년에 탄생해 릴 미켈라가 지금까지 벌어들인 수익은
1,170만달러(약 130억원), 한 번 포스팅에 드는 금액은 8,500달러(900
만원)가 넘는다. 사이버 인플루언서이다 보니 재주가 많다. 스포
티파이에 앨범을 낸 뮤지션이기도 하고, NFT 아트 플랫폼 슈퍼레
어에 'Rebirth of Venus'라는 작품을 출시하기도 했다.

버츄얼 인플루언서로 변신한 KFC의 켄터키 할아버지 커넬 할랜드 샌더스, 왼쪽은 청량음료 브랜드 닥터페퍼와 협업한 사진이다.   출처 : KFC 인스타그램

　왼쪽의 남자를 보면 어떤 생각이 드는가? 옷을 잘 입는 성공한 사업가로 보인다. 얼핏 보면 어벤져스의 토르 역할을 맡았던 크리스 헴스워스가 생각나기도 한다. 그런데 하얀 머리와 콧수염은 어디서 많이 본 것 같다. 바로 KFC의 켄터키 할아버지, 65세의 나이로 창업해 성공한 커넬 할랜드 샌더스다. 놀랍게도 왼쪽의 핸섬한 남자는 바로 커넬 샌더스를 현대적으로 재해석한 버츄얼 인플루언서다. 현실세계를 돌아다니며 KFC 직원들을 만나 격려하기도 하고 사진도 찍고 닥터페퍼와 협업도 했다. 협업은 쉽다. 닥터페퍼를 옆에 놓기만 해도 해결되기 때문이다

　일본에는 '이마 imma'가 있다. 팔로우 수는 약 33만 명이다. 릴 미켈라와는 비교도 안 될 정도로 뛰어난 그래픽을 보여주고 있

일본에서 이케아 모델로 활동 중인 '이마'는 CG 전문회사인 '모델링카페'가 만든 버츄얼 인플루언서다.

출처 : 이마 (imma.gram) 인스타그램

다. 2020년에는 이케아와 손을 잡고 하라주쿠 매장에 영상이 전시됐다. 거의 〈나 혼자 산다〉처럼 일상이 공개되는 것에 사람들은 환호했고, 영상은 일파만파 퍼져나갔다.

우리나라에도 훌륭한 버추얼 인플루언서들이 있다. '김래아'는 미래에서 온 아이라는 뜻으로, LG에서 만든 인플루언서다. 활동

reahkeem · 팔로잉
백돈 HAPPY FOOD

reahkeem 첫번째 음원 드롭하고 간만에 외식! 음원 완성하기까지 도와준 메이와 작업실 친구들 모두 고마워요! 나 오늘 행복해~
비가 추적추적 오지만 모두 코미노 드라이브 들으면서 좋은 주말 보내기~

Eating out after dropping the first song! Thanks to everyone at @guccimay and the studio! Feeling so happy~
plz enjoy my song COMINO DRIVE and have a good weekend!

#COMINODRIVE #reahkeem

39주

kobesych you need to add your voice with some lyrics 🔥🔥🔥 🔥🔥

좋아요 329개
2020년 8월 1일

댓글 달기...   게시

세계 최대 가전 · IT 전시회 'CES 2021'에서 LG전자의 프레스 콘퍼런스의 연사로 3분 동안 연설을 진행한 김래아는 'SNS에서 작곡 활동을 하는 인플루언서'로 활동하고 있다.

출처 : 김래아 (reahkeem) 인스타그램

기간은 1년이 넘었는데, CES 2021에서는 LG전자의 노트북 등 제품 발표를 맡아 진행하기도 했다. 팔로우 수는 9,000명으로, 해외 유명 인플루언서에 비해 아직은 적은 편이다.

아예 다른 캐릭터들도 있다. 누가 봐도 가상의 캐릭터인데, 현실세계의 가수보다 인기가 많은 구독자 28만 명의 토끼인간 APOKI다.

아뽀키는 실제 성우가 목소리와 모션 캡쳐를 한 캐릭터로, 억지로 사람의 모습을 닮게 하지 않았고 누가 봐도 애니메이션인

걸 알게 만들었다. 얼굴 없는 가수라는 입장에서 '아담'과도 비슷하고, 넷플릭스 〈블랙미러〉 시리즈 에피소드 중 '왈도의 전성시대'의 왈도와도 닮았다.

유튜브를 무대로 활동하는데, 주로 올라오는 영상은 다른 가수의 노래를 재해석해 따라 부르는 '커버송', 춤을 따라 추는 '커버댄스송' 그리고 실시간 라이브 방송도 진행한다. 실시간 라이브가 가능한 건 사람이 직접 움직이는 걸 모션 인식하기 때문이다. 가끔 집들이와 같은 콘텐츠를 올려 팬들과 대화를 나누기도 한다.

아뽀키는 컴퓨터그래픽으로 창조된 아티스트로, 큰 귀와 꼬리를 가진 토끼인간이다. 2019년부터 케이팝 커버댄스로 활동하며, 최근 '겟잇아웃'이라는 오리지널 싱글을 발표하며 정식 데뷔했다.

출처 : 아뽀키(APOKI) 유튜브

알리바바 그룹의 첫 디지털 직원 아야이는 중국 최초의 메타버스 디지털 인간이다

출처 : 아야이(AYAYI) 인스타그램

중국에는 최초의 버츄얼 인플루언서 아야이^AYAYI^가 있다. 아야이는 알리바바 그룹에서 채용한 첫 번째 디지털 직원으로, 춘절에는 디지털 월병 NFT를 출시했는데 아야이가 직접 만들었다는 스토리를 담고 있다.

기업들이 버츄얼 인플루언서에 투자하는 이유

그런데 기업들은 왜 진짜 사람이 아닌 버츄얼 인플루언서에 시간과 돈을 쏟고 있는 걸까?

첫째, 현실과 가상의 경계가 사라졌기 때문이다. 진짜가 아닌 가짜라 하더라도 유튜브와 인스타그램 계정을 가질 수 있고, 진짜처럼 행동하는 한 이들은 가상의 세계에서는 진짜 캐릭터다. 우리가 현실세계에서 찍은 사진 역시도 하나의 정지된 사진으로 인스타그램에 남지 않는가? 게다가 어느 스타와 다르게 꽤 친절하게 댓글에 답을 해주기도 한다. 만약 LG의 김래아와 인스타그램 친구인데, 게임 속에서 각각 아바타로 만났다고 생각해 보자. 얼마나 반갑겠는가? 김래아는 LG에서 만든 동물의 숲에서 자신의 아바타를 만들어 활동했다. 블랙핑크는 제페토에서 팬 사인회를 열었다. 메타버스의 세상에서는 이런 일들이 충분히 가능하다.

둘째, 사람 인플루언서들에 비해 관리하기가 쉽다. 연예인들을 회사의 대표 모델로 기용할 경우 어느 정도의 리스크를 감수해야 한다. 음주운전을 할지도 모르고, 폭력을 휘두를지도 모르며, 정치성향의 문제가 생길지도 모르기 때문이다. 그런데 버추얼 인플루언서들은 다르다. 회사에서 직접 관리해 만든 캐릭터이기 때문에 사생활이 깨끗하고 문제가 없다.

셋째, 다양한 회사와 쉽게 콜라보를 할 수 있다. 앞서 KFC와 닥터페퍼의 콜라보를 이야기했듯 가상의 캐릭터들은 제품 협찬을 받기도 편하고, 가상의 캐릭터들끼리 함께 모이는 것도 가능하다.

한국을 대표하는 가상 모델 로지와 해외 21만 명의 팔로워를 가진 슈듀가 콜라보로 함께 사진을 찍었다.

출처 : 슈듀(shudu.gram) 인스타그램

물론 각각의 3D 애니메이션 작업에는 꽤 많은 시간과 비용이 들었겠지만, 메타버스의 시대에 이들이 가상세계에서만큼은 현실 세계의 셀럽 그 이상의 인기를 가지게 될지 아무도 모르는 일이다.

아뽀키는 어떨까? 아뽀키를 만든 에이펀인터렉티브는 2021년 3월 라인프렌즈와 협업을 맺었다. 앞으로 아뽀키의 유튜브에 라인프렌즈 캐릭터들이 등장할 수 있고, 라인프렌즈를 통해 아뽀키의 캐릭터 상품이 제작되어 팔리게 될 수도 있다.

현실세계 개개인들의 모습을 디지털화한 우리의 화신이 '아바타'라면 버츄얼 인플루언서들은 메타버스의 세계에서 셀럽으로 먼저 자리잡을 수도 있다.

디지털 휴먼을 만드는 기술

디지털 휴먼을 만드는 기술은 더 쉬워지고 저렴해지고 있다. 포트나이트 게임의 개발사인 에픽게임즈는 누구나 자신만의 디지털 휴먼을 쉽게 만들 수 있도록 '메타휴먼 크리에이터'의 얼리 액세스 버전을 무료로 공개했다. 이 버전의 장점은 '시간'이다. 몇 주에서 몇 개월 소요되던 시간을 단 한 시간 이내로 단축했다. 이렇게 만들어진 캐릭터는 에픽게임즈의 게임 엔진인 '언리얼'에서 사용하거나 마야와 같은 프로그램에서 편집할 수 있다.

이를 통해 개인들도 자신의 모습은 물론, 원한다면 자신이 원하는 이상형의 모습을 메타휴먼 크리에이터로 만들 수 있고, 회사는 자신의 회사를 대표하는 버츄얼 인플루언서를 쉽게 만들 수 있다. 망설이지 말고 지금 바로 시도해 보자.

고품질의 디지털 휴먼이 메타휴먼 크리에이터의 목표다.

출처 : 언리얼엔진 홈페이지(www.unrealengine.com)

4

K-POP,
메타버스로 날다

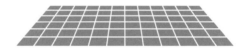

메타버스가 '잘될 거다'라는 이야기와 '잘되고 있다'는 증거는
수없이 많다. 하지만 로블록스나 제페토와 같은 게임들을 보면
10대들의 놀이터이다 보니 여기서 '수익'을 창출한다는 건 한계가
있을 거라는 생각이 든다.

그런데 **10대가 모이는 곳에서 10대들이 열광할 수 있는 콘텐
츠를 서비스한다면 어떨까? K-POP은 이곳에서 가장 잘 어울리는
콘텐츠다.**

메타버스에 대한 이야기가 나올 때마다 'K-POP'과 엔터테인먼

트 회사에 대한 이야기가 빠지지 않는 건 이 때문이다.

스타와 팬들이 가상의 공간에서 만나 자신들만의 이야기를 나누는 곳으로, 네이버의 '브이라이브'와 하이브(빅히트)의 '위버스', 2021년 1월에 서비스를 시작한 엔씨소프트의 '유니버스'가 3파전을 벌이고 있었다. 그런데 5월 브이라이브와 위버스가 통합 운영 계약을 맺으며, 거대한 K-POP 플랫폼이 등장하게 되었다.

유니버스는 딥러닝으로 생성한 인공지능 목소리를 통해 아티스트들의 음성 메시지를 전할 수 있고, 아티스트의 아바타도 만날 수 있게 하는 등 엔씨소프트만의 장점으로 경쟁력을 높이고 있다.

사이버 세상, 사이버 제국 속에서 가장 큰 힘을 발휘할 수 있는 곳은 아무래도 아티스트를 보유한 YG, SM, JYP 등의 엔터테

이제 K-POP은 엔씨소프트의 '유니버스'와 '브이라이브'·'위버스'가 합쳐진 새로운 회사와의 진검승부가 시작되었다.　　　　　　　　　　　　　　출처 : 유니버스, 인버스 앱

인먼트 회사다. SM은 이미 2011년에 SM의 음악으로 전 세계가 하나가 되는 가상국가를 만들겠다고 외치며 여권까지 발행했었다. 10년의 시간이 흐른 지금, SM은 정말로 메타버스에서 하나의 국가를 준비하고 있는 것 같다.

SM의 걸그룹 에스파는 처음부터 메타버스를 겨냥했다. 현실세계에는 4명의 걸그룹이 있고, 가상세계에는 이들을 닮은 아바타가 별도로 있다. 재미있는 건 이들이 한 몸이 아니라 각자의 지성을 가졌다는 것이다. 조금 이해하기 어려운 설정이긴 하지만, SM이 만들어 가는 메타버스의 시작이기에 관심을 가지고 지켜보자.

현실세계의 걸그룹과 가상세계의 걸그룹이 함께하고 있는 '에스파'　　　　　출처 : SM엔터테인먼트

SKT도 K-POP 메타버스에 최선을 다하고 있다. 2021년 4월 SKT는 'K팝 메타버스 프로젝트'를 추진하겠다고 밝혔다. K팝 메타버스는 디지털 휴먼 콘텐츠, 뮤직 비디오, 콘서트와 팬미팅의 세 가지 콘텐츠로 만들어지는데, 이미 점프 VR과 AR 앱을 가지고 있고, 혼합현실 제작 스튜디오인 '점프스튜디오'를 보유하고 있기 때문에 최대한 빠른 시간 내에 K-POP 아티스트를 보유한 회사들과 제휴를 맺고 하나의 생태계를 만들어 가는 걸 목표로 하고 있다.

SKT의 K팝 메타버스 프로젝트는 3가지 요소로 이루어진다.　　　　　　　　　　　출처 : SK텔레콤

　　첫 번째 주자가 된 건 그룹 위클리 Weeekly 다. 점프AR을 실행하면 이들의 모습을 현실세계 속에서 AR로 불러올 수 있다. 대표곡 '애프터스쿨' 뮤직비디오는 메타버스 형식으로 제작되었다.

SKT의 K팝 메타버스 프로젝트의 첫 주자는 걸그룹 '위클리'로, AR 뮤직비디오와 랜선 팬미팅 등을 진행했다.
출처 : 원더케이 오리지널(1theK Originals) 유튜브

그런데 왜 SKT는 누가 봐도 돈이 되지 않을 것 같은 사업에 열심인 걸까? 두 가지 이유가 있다. 하나는 이런 프로젝트들을 통해 다양한 디지털 휴먼 콘텐츠를 AR로 구현할 수 있는 방법을 점점 더 고도화시킬 수 있다. 또 하나는 믿을만한 파트너의 확보가 쉽다는 데 있다.

K-POP이 성장할수록 각각의 엔터테인먼트 회사마다 자체적인 메타버스 플랫폼을 구축할지 아니면 당분간 기존 플랫폼과 제휴를 맺는 게 더 좋을지를 고민할 수밖에 없는데, 기존 플랫폼과의 제휴를 고려할 때 네트워크부터 AR · VR에까지 상당한 기술력을 가진 SKT는 선택 1순위로 올라갈 수밖에 없다.

T I P

카카오의 '크래프터 스페이스'에서 NFT를 만들어 보자

'클레이튼'은 카카오의 블록체인 계열사인 그라운드X에서 만든 NFT 플랫폼이다. 여기에 더해 그라운드X는 누구나 쉽게 NFT를 발행할 수 있는 서비스를 내놨는데, 이 서비스의 이름이 '크래프터 스페이스'다.

2021년 5월부터 베타 서비스를 하고 있으며, 베타 기간 동안에는 NFT 발행시 별도의 수수료(가스비)가 발생하지 않는다. 다만 발행은 무료이나 거래가 되기 위해서는 거래소에 등록을 해야 하는데, 아직 클레이튼 기반의 자체 거래소가 없기 때문에 제휴되어 있는 '오픈씨'를 이용해야 한다. 오픈씨에 최초 등록할 때에는 수수료를 내야 하는데, 크래프터 스페이스에서 NFT를 만들 경우 수수료가 조금 더 저렴하고 한글로 되어 있어 편리하게 이용할 수 있다. 하나씩 따라해 보자(QR코드 영상을 참고하면 이해가 더 쉬울 것이다).

1 | 크래프터 스페이스 접속

크래프터 스페이스(https://www.krafter.space/ko/explore) 역시 '크롬'
에 최적화되어 있어 크롬으로 접속해야 한다. 오른쪽 상단의 '로
그인'을 누르면 '카이카스'라는 이름의 지갑을 이용하라는 문구를
볼 수 있다. '카이카스'는 클레이튼에서 만든 자체 가상화폐 지갑
이다.

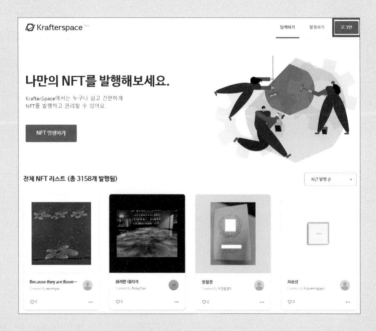

2 | 카이카스 가입 및 설치

'Kaikas로 로그인'을 누르면 카이카스 설치로 이동되고, 다시

설치를 누르면 '크롬 웹스토어'로 이동된다. '카이카스' 역시 '메타마스크'처럼 크롬 확장 프로그램으로 설치된다. 비밀번호와 계정 이름을 입력하면, '시드구문'이 나오는데 이것도 잊어버리지 않게 백업해 두자.

3 | 회원 가입

이제 다시 크래프터 스페이스로 돌아가 로그인을 누르면 카이카스와 연결된다. 이제 카이카스에서 ID를 만들고 이메일 주소를 입력하고 인증을 완료하면 회원 가입이 끝난다.

4 | NFT 발행

로그인을 하고 'NFT 발행하기' 버튼을 클릭해 보자. 오픈씨에 비해 메뉴가 상당히 간편하게 되어 있다. 발행시 다시 카이카스 지갑 서명이 필요하다. 등록된 NFT는 자신의 계정에서 볼 수 있다.

5 | 오픈씨 접속

이제 오픈씨(opensea.io) 거래소에 등록해 보자. 여기서는 하단의 '다른 지갑 선택'을 누른 후 메타마스크가 아닌 Kaikas를 선택한다. 연결요청 팝업이 나오면 '연결'한다. 연결됨과 동시에 별다른 절차없이 자신이 만든 작품이 오픈씨로 옮겨진다.

6 | 오픈씨에서 판매하기

오픈씨에서 판매를 하기 위해서는 금액 설정을 해야 하는데, 클레이튼에서 사용하는 화폐가 'KLAY'이니 이것으로만 설정할 수 있다. '판매하기' 버튼을 누르면 거래를 위해 Unlock 잠금을 해제해야 한다. 오픈씨에 등록비를 내야 한다는 이야기다. 수수료는 0.001318KLAY다(1KLAY에 1,500원 정도니 오픈씨의 이더리움에 비하면 무료에 가깝다).

이때 KLAY를 구하는 방법은 2가지가 있다. 가상화폐 거래소에서 구매해 자신의 카이카스 지갑으로 전송해도 되고(Part 3의 TIP에서 메타마스크 방법을 참고하자), 카카오톡에서 클레이 이벤트로 2020년과 2021년 상반기 무료로 나누어 주었던 게 있다. 여기서는 후자의 방법으로 전송해 보자.

7 | 카카오톡 지갑에서 카이카스로 연결

카카오톡 '더보기' 메뉴에서 클립을 선택한다. 토큰에 들어 있는 클레이를 확인하자. '토큰 보내기' 버튼을 누른 후 'QR 코드 업로드'를 누르면 카메라가 실행된다. PC의 크롬에서 카이카스 지갑을 실행한 후, 자신의 계정 보기를 누르면 QR을 확인할 수 있다. 이걸 찍으면 자동으로 주소가 입력된다.

그럼 여기서 1KLAY를 보낸 후 다시 '판매하기' 버튼을 누르면 트랜잭션 확인 버튼으로 바뀌게 된다. 이제 앞에서 본 Ulock을 순서대로 눌러서 해결해 주면 NFT가 정상적으로 등록된다.

수수료는 처음 등록할 때에만 나가고 이후에 등록할 때는 지불되지 않는다. 다음은 필자의 작품이다. 구매도 환영이다.

PART 5

당신은 메타버스에
올라탈 준비가 되어 있는가?

M E T A V E R S E

1

우리는 무엇을
준비해야 하는가?

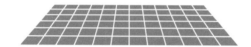

지금까지 메타버스에 대해 다양한 이야기를 나눴다. 그럼, 다시 처음 질문으로 돌아가 보자. 메타버스는 거품인가? 아니면 인터넷의 미래인가? 앞에서 언급한 가상현실과 관련된 회사들 가운데 10년 후에도 살아남는 기업이 어디가 될지는 아무도 모른다. 오늘 싸게 잘 샀다며 좋아했던 NFT 예술작품이 5년 후 휴지조각이 될지 역시 아무도 모른다.

예측은 어렵지만 확실한 건 있다. **지금 우리에게 거대한 변화가 오고 있고, 이 변화를 잘 감지해야 한다는 것이다.** 그래서 우리는 항상 감각의 '촉'을 놓지 말아야 한다.

궁극적으로 우리가 기대하는 메타버스는 풀 다이브 VR, 즉 우리 신체는 현실세계에 있지만 의식은 가상현실에서 실제처럼 경험하는 세상이다. 다만 여기까지는 갈 길이 멀다. 이에 대한 이해를 돕기 위해 메타버스를 3가지 단계로 정리해 보았다. 각 단계별로 살펴보자(어디까지나 이해를 돕기 위함이지 학계의 정설은 아니다).

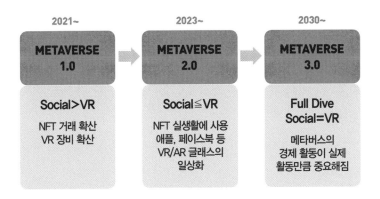

메타버스 1.0은 SNS를 기반으로 한 게임과 NFT를 기반으로 한 가상재화의 거래가 점점 더 활발해지는 단계를 말한다. 이 단계에서 VR은 페이스북의 오큘러스 퀘스트2 흥행 이후 관련 콘텐츠의 개발과 활용이 빨라지고 있는 시기에 있다.

메타버스 2.0은 소셜과 VR이 함께하는 시기다. 이때가 되면 VR과 AR 기기는 하나로 통합되어 필요시 VR과 AR을 혼합하여 사용하게 될 것이다. 애플과 페이스북에서는 가볍고 세련된 AR 글래스를 만들어 얼리어답터들은 착용하고 다닐 것이다. 덕분에 가상현실에서 누군가를 만나 대화를 나누는 건 지금보다 좀 더 쉽고 어색하지 않게 된다.

메타버스 3.0은 마지막 단계로, 풀 다이브의 세상이다. 〈레디 플레이어 원〉의 '오아시스'나 〈매트릭스〉에서처럼 내 몸은 현실세계에 있지만 의식은 가상현실을 경험하는 세상을 말한다. 이렇게 되면 뇌에 대한 간섭까지 이루어져야 하는데, 사람의 뇌에 칩을 심어 장애를 가진 사람들의 치료는 물론 인간지능의 업그레이드를 꿈꾸는 앨런 머스크의 뉴럴링크 형태로 VR 기기가 변할 수도 있다.

그렇다면 각각의 단계는 언제쯤 이루어질지 대략적으로 예측해 보자. 지금은 소셜과 VR이 혼재된 단계의 중간쯤이다. 2022년에는 페이스북, 소니, 애플과 같은 회사들이 조금 더 고도화된 VR 기기를 내놓을 것으로 예상된다. 디지털 휴먼의 개발과 인공지능의 결합으로 진짜 같은 디지털 휴먼들이 등장하는 것도 2022년 이후로, 이들 모두가 체계가 잡히는 건 2023년은 되어야 할 것 같다.

풀 다이브, 즉 정말 공상과학과 같은 상상의 세계는 언제쯤 올까? 이것만큼은 감히 예측할 수 없지만 미래학자인 레이 커즈와일의 이야기에 따르면 2030년 나노봇이 뇌에 이식되고, 2045년 모든 것이 바뀌는 특이점이 온다고 한 바, 2030년 이후에는 풀 다이브의 세상 역시 기대해 볼 수 있을 것 같다.

그럼, 기업들은 무엇을 준비해야 할까? 모든 업종들을 다 다룰 수는 없기에 은행, 백화점, 제조회사, 일반 회사로 나누어 살펴보자.

2

은행과 금융업은 어떻게
활용할 수 있는가?

VR로 멋진 은행 점포의 모습을 꾸몄다고 가정해 보자. 이제 고객들은 VR을 통해 집에서도 접속할 수 있게 된다. 그런데 실제로 고객들이 VR을 통해 가상의 영업점을 방문하게 될까?

예를 들어 A라는 사람에게 10만원을 보내야 하는데 실수로 100만원을 잘못 송금했다. 어떻게 해야 할까? 지금 당장 은행 콜센터에 전화해 실수를 해결해 달라고 요청해야 한다. 이럴 때는 전화가 빠르다. VR 장비를 쓰고 메타버스에 들어가 요청하는 건 너무 느리다.

상담을 받고자 하는 투자자라고 가정해 보자. 글로벌 주식시장의 변화, 국내의 침체된 경기 등 혼란스러운 상황에서 전문가의 의견을 듣고 싶다. 이럴 때는 직접 만나서 얼굴을 보고 상담을 해야 더 믿음이 가지 않을까?

그렇다면 은행권, 더 나아가 금융권은 왜 메타버스에 뛰어들고 있는 걸까? 그건 변화의 시기마다 가장 빠르게 변해왔던 경험 때문이다. 은행은 인터넷의 시대가 되었을 때에는 인터넷 뱅킹으로, 모바일의 시대가 되었을 때에는 모바일 뱅킹으로 빠르게 전환했다. 그렇다면 메타버스의 시대가 아직 명확하지 않더라도 미리 경험하고 준비하기 위함이다.

이미 캐나다의 TD은행은 고객이 상담 요청시 AR을 통해 포트폴리오를 시각화하는 서비스를 제공하고 있고, 국내에서는 신한은행이 2018년 SOL AR을 구축했었다. 그런데 3~4년 전은 AR과 VR이 관심을 받던 초창기였기 때문에 대중화되기에는 무리가 있었다. 하지만 지금은 다르다. 시장의 관심과 대중의 이해, 디바이스의 발전이 뒷받침되었기에 보다 나은 서비스를 제공해 줄 수 있을 것으로 보인다.

VR웰스라운지 SOL앱과 데이터가 연동되어 자산정보를 한눈에 볼 수 있음

신한은행 SOL AR(AR브로슈어, VR웰스라운지 블루게이트) 시연 영상   출처 : 서커스AR(circusAR) 유튜브

금융업에서
메타버스를 활용하는 3가지 방법

금융업에서 메타버스를 활용할 때에는 3가지 방향에서 추가적으로 고려해 볼 필요가 있다.

첫째, 현존하는 메타버스 플랫폼을 통한 적당한 수준의 홍보다. 금융사들은 저마다의 캐릭터를 가지고 있고 홍보물 역시 상당한 수준이다. 그렇다면 잘 만든 아이템을 무료로 배포하는 건 어떨까? 반대로 현실세계에서 특정 상품에 가입하면 메타버스에서 쓸 수 있는 아이템이나 가상화폐를 지급하는 이벤트도 생각해 볼 수 있다. 은행 이자율이 바닥인 이때 이자 2%는 별 것 아닌 것처럼 느껴질 수 있지만, 2%에 해당하는 제페토의 '젬'을 지급한다면 이야기가 달라질 수 있다. 성인들의 경우 직접 사용하지 않아도 자녀들에게 선물할 수 있으니 고려해 보자. 부모 세대에 해당하는 40대 이상의 고객들뿐 아니라 20~30대, 더 나아가 10대들에게도 젊은 금융을 어필할 수 있는 좋은 방법이 될 것이다.

둘째, 보다 적극적으로 금융사의 점포를 메타버스 내에 구축하는 것이다. 메타버스 점포 안에서 금융상품의 홍보와 안내를 할 수 있다. 적극적인 고객 유치나 상담을 위해서는 개인정보 문제와 보안 이슈가 있기 때문에 어려울 수 있겠지만, 홍보와 안내 정도는 가능하다. 여기에 고객들을 대상으로 한 금융 관련 세미나도 진행하는 등 활용할 수 있는 방법은 많다. 신한은행이 고객의 자산을 AR 기반으로 보여줬던 사례처럼 금융사의 메타버스에 들어온 VIP 고객들에게는 팜투게더와 같은 농장경영 게임이나 심시티와 같은 도시건설 게임처럼 고객의 자산이 늘어나는 모습을 시각화해서 보여주는 건 어떨까?

셋째, 디지털 화폐에 대한 고민을 시작해야 한다. 가상화폐뿐만 아니라 NFT까지 금융이 관여되어야 할 부분은 많다. 앞으로의 고객들은 주머니 속 현금을 맡기는 게 아니라 게임 속 화폐를 맡기게 될지도 모른다. 이 부분에 대한 이해가 없다면 준비도 불가능하다. 따라서 임직원 모두가 보다 적극적으로 메타버스를 경험해 볼 필요가 있다. 이런 추세를 반영해 최근 우리은행은 SKT의 '점프 버추얼 밋업'에서, 하나은행은 네이버의 '제페토'에서 각각 신입사원 수료식을 진행했다.

특히 DGB금융지주가 제페토를 활용해 진행한 경영진 회의는 의미가 더욱 크다. 짐작하기에 처음이라 어색하고 당황스러운 점들도 많았을 것이다. 하지만 경영진 모두가 진지하게 경험하고 '배우기로 했다'는 것과 추진하는 팀에서 이를 이끌어 냈다는 것은 한 발 먼저 고민하고 준비하며 나아가고 있다는 것을 보여주고 있다.

우리은행, 하나은행, DGB금융지주 등의 금융권에도 메타버스 열풍이 불고 있다.

출처 : 우리은행, 하나은행, DGB금융지주

3

백화점과 마트는 어떻게 활용할 수 있는가?

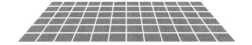

백화점과 마트의 고민은 클 수밖에 없다. 제페토에서 구찌의 신상 아이템을 팔고, 나이키의 운동화를 파는 건 어떤 의미에서 백화점과 마트의 역할을 제페토가 하겠다는 걸 뜻한다. 그런데 자신이 만든 제품이 있는 제조회사라면 몰라도, 유통회사가 이미 갖추어진 메타버스 플랫폼에 뛰어드는 건 고민될 수밖에 없다. 그렇다고 해서 별도의 백화점이나 마트를 단독 메타버스로 만들기도 어렵다. 비용도 비싸고, 열심히 만들었는데 아무도 찾지 않는다면 돈 낭비만 되기 때문이다. 그렇다면 두 가지 방법으로 접근하는 방식을 추천한다.

유통업에서
메타버스를 활용하는 2가지 방법

첫 번째는 조금 소극적인 방법으로, 이미 구축되어 있는 다양한 메타버스 플랫폼들과 제휴를 맺고 전략적으로 의류나 가전·가구제품을 큐레이션해서 서비스하는 것이다. 중소 브랜드 중에서 메타버스를 해보고 싶긴 하지만 상황이 여의치 않은 곳들이 있다면 이들을 리딩하는 것도 가능할 것이다. 중소 브랜드가 직접 만들어도 되지만 오랜 경험이 있는 백화점에서 큐레이션 숍을 구성한다면 좀 다르지 않을까?

보다 적극적인 두 번째 방법은 메타버스 안에 백화점과 마트를 구축하는 것이다. 제페토나 디센트럴랜드에 매장을 내는 데에는 물론 비용이 들겠지만 오프라인 매장에 비해서는 훨씬 적은 비용으로 가능하다. 백화점과 마트가 가장 잘하는 영역 중 하나가 바로 매장 배치와 서비스 차별화다. 현실세계에서는 공간의 제약 때문에 하지 못했던 것들을 메타버스 내에서 고객의 취향에 맞춰 제대로 꾸미는 것은 충분히 가능하지 않을까?

2021년 런칭한 여의도의 '더현대서울'은 다른 백화점과 다르게 개방형 공간, 개방형 창문, 편히 쉴 수 있는 공간 등을 적용하며 핫플레이스가 되었다. 여러 브랜드들과 콜라보한 장소들 역시 인상적이었다. 특히 NH투자증권과 콜라보로 함께한 '스톡 마켓'은 디지털 세상에서 진행되는 증권거래를 현실세계에서 직접 경험해 보는 재미를 줬는데, 이를 메타버스에도 적용해 본다면 충분히 더 새로운 것들을 만들어 낼 수 있게 된다.

더현대서울과 NH투자증권은 일반인들의 주식투자에 대한 관심이 높아지자 오프라인에서 '주식모의투자 체험'을 할 수 있는 팝업스토어를 만들었다.   출처 : NH투자증권

그렇다고 해서 진짜 백화점처럼 굳이 돌아다니기 힘든 공간을 크게 만들 필요는 없다. 젊은 층을 주 공략 대상으로 하여 10대를 위한 공간, 20대를 위한 공간, 30대 직장인을 위한 공간 등 목표시장을 구체적으로 분류하여 컨셉 숍을 운영하는 것도 하나의 방법이다.

홍보는 크게 걱정하지 않아도 된다. 매일매일 출석 체크시 메타버스 안에서 사용가능한 코인과 아이템을 지급하거나 추첨을 통해 실제 백화점과 마트에서 동일한 제품을 제공할 수 있고, 반대로 오프라인 매장에서 어떤 물건을 살 때 그에 해당하는 메타버스 안의 아이템을 증정하는 것도 홍보방법이 될 수 있다.

다시 정리해 보자. 소극적인 접근법은 백화점·마트 셀렉션이라는 이름으로 의류나 가구·가전제품 매장을 메타버스에 입점시키는 방법이다. 적극적인 방법은 제페토나 디센트럴랜드에 쇼핑몰이나 백화점을 짓는 등 상징성 있는 공간을 만들고, 그 안에서 제품을 연계해 판매하는 방법이다. 2021년 5월 BGF리테일은 CU 편의점을 제페토 내에 입점시키기로 제휴를 맺었다. 이제 이런 식의 제휴는 얼마든지 쉽고 빠르게 진행될 것이다.

일본의 이세탄백화점은 메타버스를 가장 빠르게 적용한 곳 중 하나다. REV WORLDS와 제휴해 백화점을 통째로 메타버스화 했다. 사용자들은 이곳을 자유롭게 돌아다니며 상품들을 확인할 수 있고 실제 스타일리스트들로부터 상담을 받을 수도 있다. 성공했느냐의 여부는 시간이 좀 더 지나야 확인할 수 있을 것 같다.

이세탄백화점은 백화점을 통째로 메타버스를 만들었다.

출처 : 이세탄백화점 홈페이지(www.rev—worlds.com)

4

제조회사 · 출판사는
어떻게 활용할 수 있는가?

어떤 물건을 만들던 제품을 만들고 있다면, 매력적인 브랜드를 가지고 있다면 지금 당장 메타버스에 입점해야 한다. 기다릴 시간이 없다. 지금처럼 이슈가 되기 시작했을 때 뛰어들어야 선점할 수 있기 때문이다. 아직 시장을 지켜봐야 하지 않느냐고? 이미 나이키가 제페토에 뛰어들었다. 구찌가 옷을 팔고 있다. 스타벅스가 들어오기 전에 입점하자.

적극적으로 뛰어들기 부담스럽다면 가장 적은 비용이 드는 방법부터 해보자. '동물의 숲'에 상품 디자인을 만들어 공개하는 것부터 시작해 보는 건 어떨까? 앞에서 소개한 마이 디자인으로 매력적인 신발, 가방, 옷 등을 공개하면 수많은 유저들이 입고 다니며, 마음에 든다면 SNS를 통해 대신 홍보도 해줄 테니 확실한 효과를 얻을 수 있다. 해보고 괜찮다면 다른 메타버스로 하나씩 진출해 보자.

출판사 역시 기회로 활용할 수 있다. NFT 거래소에 도서 관련 NFT를 등록하거나 메타버스 내에서의 저자 사인회, 낭독회를 고민해 보자. 오픈씨ºpensea와 같은 NFT 거래소에는 이미 브람 스토

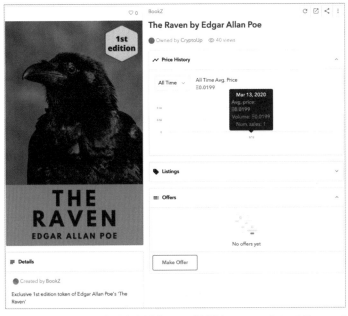

에드가 엘런 포의 《레이븐》의 첫 번째 에디션이 NFT로 만들어졌다.　　　출처 : 오픈씨(opensea.io)

커의 《드라큘라》, 에드가 엘런 포의 《레이븐》 같은 책들의 첫 번째 에디션이 올라와 있다. 물론 이걸 산다고 해서 종이책을 보내주는 게 아니라 소유권을 받게 되는 것에 불과하지만 출판사별로 확보하고 있는 유명 저자들의 저작권을 잘만 활용한다면 저자 사인본 등 팬을 위한 특별한 한정판을 NFT로 만들어 판매하는 것도 가능하다.

메타버스에서의 강연회나 낭독회는 어떨까? 시간과 장소의 한계가 있기 때문에 국내 저자가 해외로 나가는 것도 해외 저자를 국내로 부르는 것도 어려웠다. 하지만 메타버스를 활용하게 되면 해외에 있는 팬들도 게더타운·제페토 등에서 강연회를 함께할 수 있게 된다. 메타버스를 통해 수많은 독자들을 만날 수 있는 기회를 놓치지 말자.

세컨드브레인연구소 이임복 대표가 게더타운에서 출간 기념 저자강연회를 열었다.

5

교육회사는 어떻게 활용할 수 있는가?

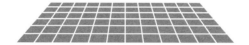

메타버스에서 강의를 하는 건 어떨까? 메타버스 내에서 졸업식을 열거나 입학식을 여는 건 앞에서 이야기했다. 그렇다면 아예 수업을 메타버스 안에서 진행할 수는 없을까? 물론 가능하다. 다만 효과는 고민할 필요가 있다.

포트나이트에서 이루어지는 공연이나 디센트럴랜드에서 진행하는 인터뷰들을 보다 보면 방방 뛰어다니고 춤을 추는 등 뭔가 '번잡하다'는 느낌을 지울 수 없다. 따라서 10~20분 내의 짧은 특강이나 '한 번 경험해 볼까?' 정도면 몰라도 실제 긴 시간의 강의가 이루어지기에는 적응하는데 시간이 걸려 보인다.

교육업에서
메타버스를 활용할 때 3가지 장점

그렇다면 메타버스에서의 교육은 불가능한 걸까? 그건 아니다.
메타버스의 플랫폼에 따라 어울리는 것이 있고 그렇지 않은 것이
있을 뿐이다. 메타버스 2.0 단계까지 갔을 때 메타버스를 통한 교
육이 활성화된다면 3가지 장점을 기대해 볼 수 있다.

첫째, 이동과 공간의 제한이 해결된다. 초중고는 물론 성인 교
육에 있어서도 학교 및 강의장을 찾아가는데 소요되는 시간을 줄
일 수 있다. 여기에 현실세계에서는 경험하지 못했던 다양한 경
험과 실험을 메타버스 내에서 할 수 있다. 예를 들어 위험한 실험
실이나 해부학 실습을 할 수 있는 공간을 메타버스 안에 만들 수
있다.

둘째, 글로벌 교육이 가능하다. 한참 무크M.O.O.C에 대한 기대감
이 팽배했던 때가 있었다. 세계 유명한 교수들의 강의를 우리나
라에서 들을 수 있다는 혁신적인 서비스에 너도나도 무크 사업을
진행하거나 교육을 받았지만, 한 공간에 모이지 않고 각자 수강

하는 방식은 한계가 있었다. 이런 단점을 메타버스는 극복할 수 있다. 각자 자신의 아바타로 하나의 교실에서 수업을 받는 모습을 생각해 보자. 언어의 장벽이 메타버스 내에서 해결될 수 있다면 우리는 지금까지와는 차원이 다른 경험과 교육을 받을 수 있게 된다.

셋째, 차별 없는 교육의 실현이다. 현실세계에서는 외모, 성격, 가정환경 등으로 인해 차별이 일어날 수 있다. 힘센 아이들에 의한 학교폭력도 비일비재하다. 〈레디 플레이어 원〉의 원작 소설을 보면 가상현실 속 교실에서 만난 아이들은 각자의 아바타로 접속하기에 외모에 구애를 받지 않는다. 만약 괴롭히는 아이들이 있다면 '차단'해 버리면 된다.

아직까지 포트나이트나 디센트럴랜드, 제페토에서의 교육이 번잡하다면 지금 상황에서 교육에 어울리는 메타버스 플랫폼을 사용해 보는 건 어떨까?

화려한 움직임은 없지만 충분한 참여를 이끌어 낼 수 있는 '게더타운'이 그 답이 될 수 있다. 게더타운에서는 강의실이나 회의실을 만들 수 있다. 강의를 할 수 있는 교실을 만든 후 각자 자리에 앉으면 그때부터는 줌Zoom처럼 각자의 얼굴도 볼 수 있고, 화면을 공유하는 것도 가능하다. 교실 옆에는 쉴 수 있는 공간도 만들 수 있기 때문에 50분 수업을 한 후 10분 쉬고 다시 모여도 된다. 게더타운은 계속해서 업데이트되는 단계에 있는 서비스이기에 지금부터 익숙해지면 좋다. 25명까지는 무료로 사용할 수 있으니 지금 바로 사용해 보자(Part 5의 Tip을 참고하자).

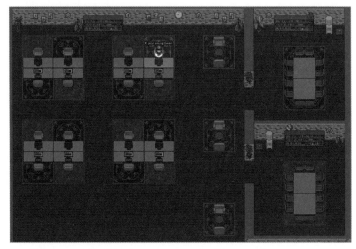

게더타운에서 소규모의 강의실을 만들어 1~2시간 정도의 수업은 꽤 재미있을 것 같다.

6

행사기획(MICE)은 어떻게 활용할 수 있는가?

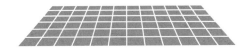

코로나19의 시대, 대부분의 오프라인 행사는 취소되거나 규모가 줄어들었다. 대신 온라인 실시간 라이브 또는 미리 촬영·편집해 둔 영상을 실시간으로 공유하는 행사가 늘어났다.

애플과 삼성의 신제품 발표회, 현대기아자동차의 새로운 전기차 발표 등 기업들은 새로운 방식에 빠르게 적응해 나갔다. 하지만 CES, MWC와 같이 수많은 기업들이 참여하는 글로벌 컨벤션 행사는 적응하기 어려웠다. 국내 코엑스의 경우도 부스 참여 행사를 열기 어렵다 보니 최대한 온라인에서 오프라인의 분위기를 내기 위해 개별 세션, 라이브 방송 등을 진행했지만 쉽지 않았다. 2020년 하반기부터 규모를 대폭 줄여서라도 오프라인 행사가 다시 열린 건 이 때문이다. 그런데 흥미로운 사례가 생겼다.

바로 2021년 열린 구글의 개발자회의, 구글 I/O다. 구글은 이

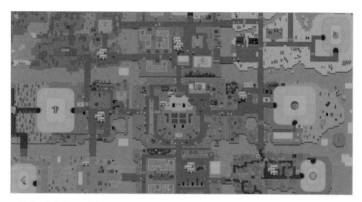

구글 I/O 전체 맵, 구글은 '2021 구글 연례개발자회의'를 최초로 온라인에서 개최했다.

출처 : 구글I/O 홈페이지

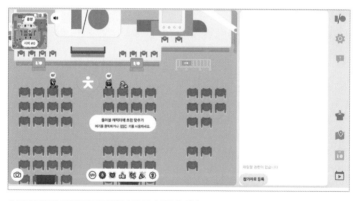

누구나 자신의 아바타를 만들어 부스를 돌아다닐 수 있다.

출처 : 구글I/O 홈페이지

행사를 100% 온라인으로 진행했는데, 가상의 행사장을 만들어 누구나 참여할 수 있도록 했다.

자신의 아바타를 만들어 키보드를 조작해 움직일 수 있다. 관심있는 건물로 가면 발표자료를 영상으로 볼 수도 있고 참석한 아바타들과 대화도 가능하다. 행사를 고민하고 있다면 반드시 참고해야 할 사이트다(https://events.google.com/io/).

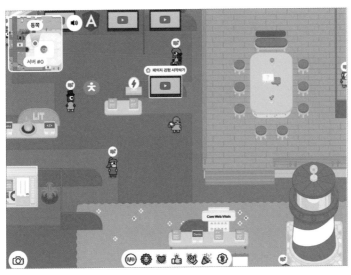

아바타로 행사장을 이동하며 다양한 발표를 볼 수 있고, 참가자들과 대화도 나눌 수 있다.

출처 : 구글I/O 홈페이지

7

—

정부·공공기관은
어떻게 해야 하는가?

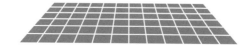

관련 이슈가 정해지고 나면 가장 빠르게 움직이는 곳은 정부다. 초고속 인터넷으로 전 세계 IT 강국에 올랐던 대한민국의 위상은 지난 10년간 노력에도 불구하고 미국과 중국에 밀려 4차 산업혁명의 주도권을 잡지 못했다. 하지만 인터넷과 모바일 혁명에서 기회를 잡아 성공했던 우리나라는 메타버스에서 또 하나의 기회를 엿보고 있다.

2021년 5월 기획재정부, 문화체육관광부, 과학기술정보통신부는 '메타버스 TF'를 구성해 발전전략 논의에 나섰다. 민원 관리와 공공서비스 혁신 분야에 먼저 적용하며, 나아가 메타버스 정부를 구현한다는 이야기도 나오고 있다. 뿐만 아니라 관련 업계, 협회와 함께 '메타버스 얼라이언스' 출범식을 진행했다. 민간이 주도하고 정부가 빠르게 뒷받침하는 형태로, 메타버스 산업과 기술 동향을 공유하는 포럼, 윤리적 문제 및 법 제도 정비를 위한 자문그룹, 기업 간의 협업을 통해 메타버스 플랫폼을 발굴·기획하는 프로젝트 그룹으로 나누어 진행된다. 민간기업에서는 대표적으로 현대차, 네이버랩스, 통신 3사, 롯데월드, 카카오엔터테인먼트, CJ ENM 등의 기업이 참여했다.

서울시는 제페토에 국내 최초로 스타트업 지원 공간인 '서울창업허브 월드'를 개관한다.

출처 : 서울창업허브 월드

2021년 6월에는 서울시에서 스타트업을 지원하는 공간인 '서울창업허브월드'를 제페토에 오픈하는 등 공공기관의 움직임 역시 빨라지고 있다. 과거 정부가 핀테크에 관심을 가지고 움직였을 때 작고 빠른 핀테크 업체들이 크게 성장할 수 있는 기회를 얻었었다. 지금도 마찬가지다. 메타버스와 관련된 사업을 준비하는 곳이라면 이 기회를 놓치지 말아야 한다.

8

우리 회사는
어떻게 해야 하는가?

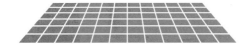

　메타버스의 시대, 모든 회사가 공통적으로 활용하면 좋은 방법이 있다. 바로 회사를 알릴 수 있는 '디지털 휴먼'을 만드는 것이다. 디지털 휴먼은 꼭 엄청난 그래픽으로 사람의 모습을 실사화할 필요는 없다. 동물 캐릭터여도 되고, 2D 애니메이션 캐릭터여도 된다. 중요한 건 팬들과 소통을 하면서 가상세계에서 살아 있는 것처럼 느끼게 만들면 된다. 이를 위해서는 탄탄한 스토리 설정이 필요하다.

　빙그레의 디지털 휴먼 '빙그레우스'를 참고해 보자. 빙그레우

15만이 넘는 팔로워를 가지고 있는 빙그레우스는 자칭 빙그레 왕국의 후계자이고, 인스타그램 운영자라고 소개하고 있다.

스는 '빙그레우스 더 마시스'라는 이름을 가지고 있으며, 바나나맛 우유 왕관을 쓰고 있다. 처음에는 병맛 이슈에 편승한 캐릭터였지만 끊임없이 소통한 끝에 15만이 넘는 팔로워를 가지게 됐다. 만약 메타버스 게임 속에서 빙그레우스를 만나게 된다면 바로 두터운 팬들이 생기지 않을까?

신세계면세점은 '심삿갓'이란 캐릭터를 만들었다. 표준어인 삿갓이 아닌 '삿갓'을 쓴 이유는 신세계면세점의 'ㅅㅅㄱㅅㅈ'이라는 초성을 따서 만든 이름이기 때문이다. 담당하는 일은 SNS 홍보다. 아직 인스타그램에서 선풍적이라고까지 할 만한 인기를 모

심삿갓은 조선시대에서 타임슬립(시간여행)을 하여 신세계면세점의 홍보 담당자로 취직해 공식 SNS 채널의 운영을 맡게 됐다는 설정의 캐릭터다.　　　　출처 : 신세계면세점 (shinsegaedutyfree)인스타그램

으고 있지는 못하지만, 해마다 넷플릭스를 통해 공개하는 조선좀비 〈킹덤〉의 인기에 더해 글로벌도 노려볼 수도 있을 것 같다. 메타버스 게임 내에서도 '삿갓'이라는 아이템을 만들어 외국인들에게 제공한다면 효과는 더 크지 않을까?

　현대백화점은 2019년 독일의 일러스트 작가 '크리스토프니만'과 손잡고 '흰디'라는 귀여운 강아지 캐릭터를 만들었다. 흰디를 통해 다양한 온오프라인 마케팅도 진행했었는데, 이런 캐릭터들을 메타버스의 세계에서도 그대로 활용하면 어떨까?

현대백화점은 강아지 캐릭터 흰디와 함께 즐겁게 춤추고 유기견을 위해 기부하는 '흰디 댄스 챌린지' 등 다양한 이벤트를 진행하고 있다.

9

개인은
어떻게 해야 하는가?

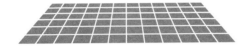

메타버스의 시대, 이제 기업은 더 이상 고민하지 말고 일단 시작해야 한다. 경쟁이 시작되었기 때문이다. 그럼, 개인은 어떻게 해야 할까? 우선 이 말을 꼭 전하고 싶다.

"지금 빨리 탑승하라. 자리에 앉아 안전벨트를 채우고, 이 꽉 깨물며 지켜봐라."

생각보다도 더 빠르게 메타버스의 세계는 상상조차 못했던 곳으로 날아갈 수 있다. 지금 바로 여러 가지 메타버스 플랫폼에 가입해 보자. 우선 제페토 앱을 설치해 계정 생성을 한 후 무료로 주는 코인으로 옷을 사 입고 프로필 사진을 찍어보기라도 하자. 무엇에 대해 알고 싶다면 일단 문을 열고 들어가야 한다.

조금 더 수업료를 낼 생각이 있다면 VR 장비를 구입해 보는 것도 추천한다. '에이, 그건 애들이나 하는 거지'라고 이야기하는 순간 생각은 멈추게 된다. '이건 누구나 해봐야 하는 거지'라는 말이 떠오르도록 말을 바꾸고, 생각을 바꾸고, 행동을 바꾸자.

과연 메타버스 3.0으로 가는 게 가능할까? 의심이 든다면 지금 바로 오큘러스 앱을 설치해 계정을 만들고 들어가 보자. VR 장비가 없더라도 어떤 콘텐츠들이 있는지를 확인할 수 있다. AR이 만들어 가는 세상이 궁금하다면 지금 바로 SKY LITE 앱을 무료로 다운받아 밤하늘에 비춰보자. 생각지도 못했던 별자리의 향연을 경험할 수 있다.

"The future is already here – it's just not very evenly distributed."

"미래는 이미 와 있다. 단지 널리 퍼져 있지 않을 뿐이다."

월리엄 깁슨이 했던 말을 기억하자. 이미 메타버스는 우리 곁에 와 있다. 단지 우리가 알아차리지 못하고 있을 뿐이다. 어쩌면 지금이 가장 좋은 기회일지도 모른다. 미래로 가는 마지막 열차를 놓치지 말자.

TIP

게더타운에서
강의를 열어보자

게더타운은 줌과 비슷하면서도 다르고, 팀즈와도 비슷하면서도 다르지만 왠지 우리에게 익숙한 플랫폼이다. 8비트 레트로 감성이 주는 편안함 때문인지 협업해서 업무를 볼 때 꽤 친근하다. 그럼, 게더타운의 사용법을 알아보자.

❶ '크롬'을 통해 게더타운gather.town에 접속한 후 오른쪽 위의 Launch Gather를 클릭한다. 여기서는 새로 강의실 또는 회의실을 만들어 다른 사람들을 초대해야 하니 Create a new space를 클릭한다(이때 회원 가입을 먼저 하고 캐릭터를 정할 수도 있다. 회원 가입을 하면 예전에 사용했던 강의실을 가지고 올 수 있다).

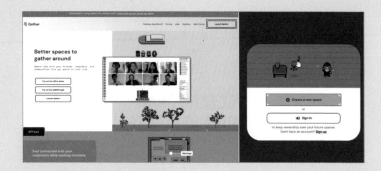

② 미리 정해져 있는 Office, Social, Conference 등 다양한 공간 중 하나를 선택할 수 있다. 무료 사용은 25명 이하로만 가능하니 이 점을 고려하자.

❸ 여기서는 25명이 들어갈 수 있는 클래스룸을 만들었다. 이때 방의 이름은 한 번 정하면 바꿀 수 없다. 비밀번호를 걸고 싶다면 패스워드를 세팅하고 Create Space를 누른다(바로 밑의 질문인 'What are you building this space for?'에는 반드시 답을 해야 진행할 수 있다).

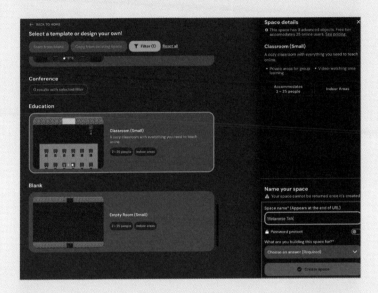

❹ 이제 '캐릭터'를 만들고, 마이크와 카메라를 확인한 후 입장(Join the Gathering)하자. 강의장에 입장하면 방향키로 자유롭게 움직일 수 있다. 다른 동료가 일하고 있는 근처로 이동해 말을 거는 것도 가능하다.

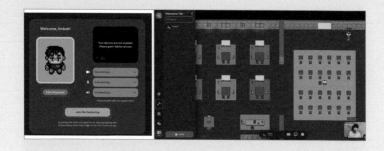

5 왼쪽의 망치 아이콘을 누르면 간단하게 맵을 편집할 수 있다. 간단한 사물 아이콘을 더블클릭해서 배치하거나 안에서 간단 하게 할 수 있는 게임 등 다양한 도구들을 배치할 수 있다.

❻ 이제 다른 사람을 초대해 보자. 왼쪽 하단의 '+invite'를 누른 후 이메일을 보내거나 링크를 전송할 수도 있다.

❼ 초대받은 사람의 캐릭터가 가까이 오면 얼굴을 보고 대화할 수 있는 화면으로 바뀌게 된다. 소규모 강의실에서 의자에 앉은 사람들끼리 화면을 공유하면서 대화를 나누거나 회의를 진행할 수도 있다. 아직은 베타버전이라 원하는 만큼의 행사가 원활하게 진행되지 않을 수 있으니 무료 버전에서 충분히 연습을 한 후 진행하길 바란다.

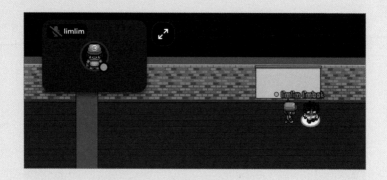

참고자료

일론 머스크는 우리가 누군가의 '비디오 게임'이라고 생각한다
https://www.huffingtonpost.kr/2016/06/06/story_n_10328842.html

"사실은 우리는 가상세계에 살고 있다"…미국 메릴린치 보고서
https://news.joins.com/article/20596941

GTC 2021 Keynote with NVIDIA CEO Jensen Huang
https://youtu.be/eAn_oiZwUXA?t=1025

상장 첫 수익 공개 ⋯ 로블록스, 1Q 매출 3억 8,700만달러
https://www.getnews.co.kr/news/articleView.html?idxno=529791

잭 도시 트위터 NFT
https://v.cent.co/tweet/20

메타버스 정의, 위키피디아
https://ko.wikipedia.org/wiki/%EB%A9%94%ED%83%80%EB%B2%84%EC%8A%A4

게임 속 역대급 전쟁 ⋯ 리니지2 '바츠해방전쟁'
https://www.econovill.com/news/articleView.html?idxno=374630

세컨드라이프 창업 붐 ⋯ 4만명 돈벌어
https://www.mk.co.kr/news/special-edition/view/2007/10/560040/

소프트뱅크·삼성전자 세컨드라이프 제휴
https://www.etnews.com/200704120168?m=1

사티아 나델라 MS CEO, 향후 게임 스튜디오 꾸준히 인수할 뜻 밝혀
http://it.chosun.com/site/data/html_dir/2020/09/23/2020092300850.html

전 세계 초중생이 푹 빠진 게임, 로블록스 신드롬
https://www.chosun.com/economy/mint/2021/04/02/
HHTDI3L2XNEW7GNPL6G2CDXITE/

메타버스의 경제 … 에픽 CEO 팀 스위니와의 인터뷰
https://ichi.pro/ko/meta-beoseuui-gyeongje-epig-ceo-tim-seuwiniwaui-inteobyu-26538314571231

DGB금융지주, '제페토'에서 경영진 회의 진행
https://www.econovill.com/news/articleView.html?idxno=531117

"달러 안 받아요" … 암호화폐로 땅 사고 건물 올린다
https://www.hankyung.com/it/article/2021060129421

클라우드 시장 점유율
https://www.yna.co.kr/view/GYH20210205000400044

개시 앞둔 스타링크, 선주문 50만 건 돌파
http://it.chosun.com/site/data/html_dir/2021/05/05/2021050501269.html

머스크 아내 NFT 적용 디지털 작품 팔아 65억 벌어
https://www.chosun.com/international/international_general/2021/03/04/7UPQS
HJV3FAUVE6M4ENOETQNBA/

스마트컨트랙트(Smart Contract), 글 한 편으로 제대로 이해하기
https://medium.com/haechi-audit-kr/smart-contract-a-to-z-79ebc04d6c86

삼성넥스트 슈퍼레어 투자
http://news.newsway.co.kr/news/view?ud=2021033114481538535

당신이 몰랐던 모나리자의 모든 것
https://content.v.kakao.com/v/604e31613d50982c65222e9e

NFT 디지털 예술품 잇따른 표절 논란 … 해결방안은?
https://www.mk.co.kr/news/economy/view/2021/03/288045/

이베이, NFT 거래 허용한다
https://www.bloter.net/newsView/blt202105120001

세기말 사이버 가수 '아담'의 최후
https://www.econovill.com/news/articleView.html?idxno=283370